WERNER EISENHUT

EINFÜHRUNG IN DIE ANTIKE RHETORIK
UND IHRE GESCHICHTE

DIE ALTERTUMSWISSENSCHAFT

Einführungen in Gegenstand, Methoden und Ergebnisse
ihrer Teildisziplinen und Hilfswissenschaften

WISSENSCHAFTLICHE BUCHGESELLSCHAFT
DARMSTADT

WERNER EISENHUT

EINFÜHRUNG
IN DIE ANTIKE RHETORIK
UND IHRE GESCHICHTE

WISSENSCHAFTLICHE BUCHGESELLSCHAFT
DARMSTADT

Die 1. Auflage erschien 1974

CIP-Kurztitelaufnahme der Deutschen Bibliothek

Eisenhut, Werner:
Einführung in die antike Rhetorik und ihre Ge-
schichte / Werner Eisenhut. — 3., durchges. Aufl. —
Darmstadt: Wissenschaftliche Buchgesellschaft, 1982.
(Die Altertumswissenschaft)
ISBN 3-534-04177-1

Bestellnummer 4177-1

3., durchgesehene Auflage
© 1982 by Wissenschaftliche Buchgesellschaft, Darmstadt
Satz: Maschinensetzerei Janß, Pfungstadt
Druck und Einband: Wissenschaftliche Buchgesellschaft, Darmstadt
Printed in Germany
Schrift: Linotype Garamond, 9/11

ISSN 0174-0849
ISBN 3-534-04177-1

INHALT

Einleitung. Der Rhetorikunterricht 1

Die griechische Rhetorik 8

Die römische Rhetorik 45

Die Rhetorik vom 2. Jahrhundert an 73

Genera, Ornatus, Tropen und Figuren 82

Die Klauseln, Cursus 89

Schlußbemerkungen 93

Literatur 95

Register 99

EINLEITUNG

DER RHETORIKUNTERRICHT

Rhetorik wird, wenn die Zeichen nicht trügen, wieder modern. Das könnte damit zusammenhängen, daß die kunstmäßige Rede ein Kind der attischen Demokratie ist und demokratische Formen der fruchtbare Nährboden für ihr Gedeihen sind. Scheindemokratien und Diktaturen (meist mit demokratischem Mantel) haben eine eigene, unantike Rhetorik hervorgebracht, eine apodiktische, nicht auf Belehrung, nicht einmal auf Überredung begründete Rhetorik, sondern eine emotionale und Emotionen weckende Rhetorik — falls man das noch Rhetorik nennen will, wenn der Agon, die Rede und Gegenrede von vornherein ausgeschlossen sind. Vielleicht ist die Tatsache, daß zwischen öffentlicher Rhetorik und Demokratie ein Konnex besteht, der Grund, daß in Frankreich die Rhetorik nie so obsolet erschienen ist wie hierzulande, abgesehen natürlich davon, daß dort die lateinische Tradition lebendiger geblieben ist als bei uns.

Barbarisierung ließ den Wunsch nach gestalteter Rede verkommen. Monarchischer und diktatorischer Absolutismus konnten ihn nicht wecken. Sogar das Vermögen, die Form auch nur wahrzunehmen, ist verkümmert.

Jeder Reklamefachmann weiß, daß die Verpackung ein wichtiges Mittel ist, ein Produkt zu verkaufen, vielleicht das wichtigste, um sich gegen die Konkurrenz zu behaupten. Aber was soll das unter Blinden? Die moderne Barbarei duldet Schlagworte, Spruchbänder und Sprechchöre, Reklametafeln und Werbespots an Stelle argumentierender Rede. Ihr beständiges Einhämmern immer desselben, ihre geradezu beleidigende Eintönigkeit entspricht der psychischen Monotonie derer, auf die sie zielen.

Wozu aber überhaupt Rhetorik? Sind es nicht jeweils die Besseren, Klügeren, die mit den besseren Gründen, die siegen? So könnte im Ernst nur jemand fragen, der sich Illusionen über die Weisheit und Gedankentiefe der Menschen macht. Aber gibt es nicht rhetorische Naturtalente? Zweifellos. Aber es gibt auch das Gegenteil. Und die ersteren sind nicht immer die Klügeren oder haben wenigstens die besseren Argumente, und die letzteren nicht immer die dümmeren oder

die mit den schlechteren Gründen. Daß schließlich die wortreicheren
Reden nicht häufig die mit den saubereren und zutreffenderen Argu-
menten sind, ist offensichtlich. (Von Motiven und Zielsetzungen soll
gar nicht gesprochen werden: Die Relation zwischen hochtouriger Rede
und echtem oder vorgetäuschtem inneren Antrieb ist nicht ein Gegenstand der Rhetorik, sondern der Psychologie.)

Das offensichtlich Ärgerliche solcher Beobachtungen ließ früh schon
auf Abhilfe sinnen — umgekehrt haben diese Beobachtungen auch her-
ausgefordert, sich die menschliche Emotionsbereitschaft zunutze zu
machen. So mußte der Wunsch aufkommen, das Reden und Überreden
zu lernen, und da die Griechen optimistisch in bezug auf den menschlichen Geist waren, fehlte es nicht an Leuten, die versprachen, solche
Praxis zu lehren.

Wir sprechen von „Rhetorik" als sei das die selbstverständlichste
Sache der Welt und als sei ausgemacht, was darunter zu verstehen ist.
Doch bei näherer Beschäftigung damit könnte der Streit wieder auf-
flammen, der, obgleich fruchtlos, schon in der Antike viele Gemüter
erhitzte: Ist die Rhetorik eine Fertigkeit, ist sie eine Kunst oder gar
eine Wissenschaft? Diese verschiedenen Ansichten sind aber nichts
als verschiedene Möglichkeiten, sich mit Rhetorik zu beschäftigen.
Auch wenn uns Rhetorik als Kunst am wenigsten einleuchtet, sollten
wir nicht vergessen, daß man in der Antike ein ästhetisches Vergnügen
an der gestalteten Rede hatte. (Da es hier um die Antike geht, dürfen
die modernen, divergierenden Definitionen von Kunst beiseite bleiben.) Unter die Wissenschaften läßt sich die Rhetorik nur einreihen,
wenn darunter die Erforschung des Was und des Wie verstanden wird.
Im allgemeinen Bewußtsein aber ist die Rhetorik, die schon die Archegeten Korax und Teisias πειθοῦς δημιουργός 'Schöpferin der Überredung' nannten[1], eine Fähigkeit, eine τέχνη. Dabei darf man
allerdings nicht vergessen, daß in der Antike noch nicht das roman-
tische Vorurteil galt, das den Künstler von der handwerklichen
Geschicklichkeit beinahe freistellt. Damals ist also τέχνη, lat. *ars*,
(künstlerische) Fertigkeit und Kunst. In übertragenem Sinn ist τέχνη
die Lehre von einer bestimmten Kunst. ἐπιστήμη bezeichnet dagegen, zumindest in engerem Sinn, das rein Geistige, die Wissenschaft, ἐμπειρία die ungeistige, theoretisch nicht durchdachte bloße
Fertigkeit.

So sagt Aristoteles, für den die Rhetorik ein 'Seitenstück',

---

[1] L. Radermacher, Artium scriptores S. 30; vgl. L. Spengel, Rhein. Mus.
18, 1863, 482.

ἀντίστροφος der Dialektik ist (rhet. I 1 Anfang[2]), in gewissem Sinne seien beide Gemeingut und gehörten keiner 'Wissenschaft', ἐπιστήμη an. So seien in gewisser Hinsicht alle Menschen Rhetoren und Dialektiker, da alle, wenigstens bis zu einem bestimmten Grade, die Ansichten anderer untersuchen und die eigenen geltend zu machen versuchen, wie sie auch bestrebt seien, sich zu verteidigen und andere zu beschuldigen. Es müsse aber möglich sein, eine Anleitung zu geben, da sich theoretisch ermitteln lasse (θεωρεῖν), weshalb Reden erfolgreich sind, die entweder εἰκῇ bzw. ἀπὸ τοῦ αὐτομάτου (wir könnten sagen 'frei von der Leber weg') oder διὰ συνήθειαν ἀπὸ ἕξεως ('auf Grund einer durch Übung erworbenen Fertigkeit') gehalten wurden. Das nun sei gerade die Aufgabe einer τέχνη. Und dies, Ῥητορικὴ τέχνη (lateinisch *Ars rhetorica*) ist auch der Titel der Aristotelischen Lehrschrift. Im nächsten Kapitel faßt der Verfasser τέχνη im Sinne von Können, indem er schreibt: ἔστω δὴ ἡ ῥητορικὴ δύναμις περὶ ἕκαστον τοῦ θεωρῆσαι τὸ ἐνδεχόμενον πιθανόν ('das Vermögen, in jedem Fall das Glaubhafte wahrzunehmen'); das sei die Aufgabe keiner anderen τέχνη ('Kunst' — zum Vergleich nennt er als andere Künste Heilkunst, Geometrie und Arithmetik).

Als Definition der Rhetorik ist dieser Satz des Aristoteles jedoch nicht ausreichend. Hervorgegangen ist sie aus der idealistischen Vorstellung, die Rhetorik gehöre der Philosophie zu; das entsprach übrigens auch der Meinung Platons (vgl. seinen ›Gorgias‹). Der berühmte Gegensatz zwischen dem Philosophen, der auch Redner ist, und dem bloßen Redner, der bis Cicero und darüber hinaus wirksam ist, trug sein Teil dazu bei, daß die Fertigkeit, das rein Handwerkliche in dieser Definition zu kurz kommt.

Allerdings ist es nicht die eigentliche Absicht des Aristoteles, einen Lehrgang der Beredsamkeit zu verfassen, im Gegensatz zu Quintilian, der damit mehr in der Nachfolge der alten Rhetoren steht als in der des Aristoteles (was sich jedoch mit seinem Ciceronianismus durchaus verträgt). Cicero hat die echte Verschmelzung von Rhetorik und Philosophie versucht (nicht nur eine philosophische Begründung der Rhetorik gegeben). Das wurde von so einschneidender Bedeutung, daß man später Philosophie und Rhetorik verwechselte und im Schulunterricht — darin hat sich bis heute wenig geändert — das Reden- und Schreibenkönnen über jeden Gegenstand ein die anderen Fächer übergreifendes Unterrichtsfach wurde. Aristoteles ist nicht der Initiator

---

[2] Nach Rhet. Gr. V 15 (Sopatros zu Hermogenes) haben auch die Stoiker die Rhetorik ἀντίστροφος der Dialektik genannt.

dieser Entwicklung, aber seinem Ansehen verdankt sie zum guten Teil das Durchschlagende ihres Erfolges: Hatte er doch, wie erwähnt, die Rhetorik definiert als das Vermögen, von *jedem* Gegenstand das Glaubhafte wahrzunehmen (und darüber zu reden).

Mag er vielleicht selbst nur an die Gerichtsrede gedacht und die naheliegende Verallgemeinerung nicht vorausgesehen haben, so ist doch unbestreitbar, daß er die Rhetorik gesellschaftsfähig für die Philosophie und für jede höhere Bildung gemacht hat.

Platon dachte, wie wir wissen, ganz anders. Und noch sein übernächster Nachfolger in der Leitung der Akademie, Xenokrates, definierte (nach dem Zeugnis des Sextus Empiricus, adv. rhet. 6, p. 675 Bekker) die Rhetorik (nüchtern und ohne ihr höhere Weihen zu verleihen) als ἐπιστήμη τοῦ εὖ λέγειν, wobei ἐπιστήμη hier (wie öfter) nichts anderes bedeutet als 'wissen, wie man so etwas macht'[3]. Das εὖ λέγειν ist ebenso umfassend wie vage.

Mit solchen Definitionen konnten sich selbstverständlich Spätere nicht begnügen. Eine gewisse Ratlosigkeit angesichts der Aristotelischen Autorität ist unverkennbar, und so erscheinen denn bei aller Kritik an der Aristotelischen Formulierung die Wörter δύναμις und πιθανόν immer wieder, z. B. Hermagoras, Rhet. Gr. V 15 (= 7, 21 Matthes): δύναμις τοῦ εὖ λέγειν τὰ πολιτικὰ ζητήματα: Hier taucht sowohl δύναμις wie εὖ λέγειν auf; letzteres schließt das überzeugende Reden ein, woran Schüler und spätere Rhetoren nicht zweifelten; vgl. Rhet. Gr. V 213; VI 32: δύναμις περὶ λόγου τέλος ἔχουσα τὸ πείθειν ὅσον ἐφ' ἑαυτῇ; Augustin rhet. 3 (= rhet. lat. min. 138) *Hermagoras dicit esse oratoris officium: persuadere, quatenus rerum et personarum condicio patiatur, dumtaxat in civilibus quaestionibus.* Eingefügt in die Definition ist nun jedoch τὰ πολιτικὰ ζητήματα, womit alle Fragen gemeint sind, zu deren Entscheidung der Verstand eines normalen Bürgers ausreicht (wozu also nicht Spezialkenntnise erforderlich sind; vgl. Augustinus a. O. 4). Ob die Rhetoren nicht gemerkt haben, daß die Menschen am liebsten über das diskutieren, wovon sie nichts verstehen? Anders ausgedrückt: Die Grenze des Verstandes (bekanntlich das einzige Gut, von dem jeder genug zu haben glaubt) zieht bei sich jeder sehr weit, bei den anderen eng.

Die Rhetoren versprachen, die Fähigkeit des Redens auch anderen

---

[3] Xenokrates fg. 13 Heinze. Sextus Empiricus betont, ἐπιστήμη werde von Xenokrates ἀρχαικῷ νόμῳ als Synonym für τέχνη verwendet, von den Stoikern, fährt er fort, die sich ebenfalls so ausdrückten, aber ἀντὶ τοῦ βεβαίας ἔχειν καταλήψεις.

zu vermitteln, und ein solcher Unterricht kommt nicht umhin, jede Möglichkeit des Reden-Müssens oder -Wollens einzubeziehen, also für jede Gelegenheit die Methode, wenn nicht gleich das Material in die Hand zu geben. Das gilt, ob der theoretische Unterbau und die ethisch-philosophische Herleitung ernsthaft zugrunde liegen oder ob diese nur vorgeschützt werden oder vielleicht gar nicht gesehen und erwünscht sind. Das berühmte: *„rem tene, verba sequentur"* des Alten Cato, das meint, man brauche nur die, selbstverständlich gute, Sache im Auge zu behalten, um eine überzeugende Rede zu halten, ist nichts als ein idealistisch-illusionäres Bonmot, von dem Cato nach Ausweis seiner Reden selbst nichts gehalten hat.

Meist kommen uns die besten Gedanken und die treffendsten Repliken erst hintennach, und man ärgert sich, daß man nicht die passenden Geistesblitze parat gehabt hat (weshalb in Büchern, Filmen und Fernsehspielen die Helden immer so ungemein witzig und schlagfertig sein können). Diesem Übelstand abzuhelfen, war eine Aufgabe des Rhetorikunterrichts, in dem der Schüler darauf trainiert wurde, eine Reihe von Beweisgängen bei der Hand zu haben, einschließlich der loci communes, der 'Gemeinplätze', oder besser: der vorfabrizierten Argumente, so wie ein Schachspieler die erprobten Züge.

Es ist ein Zeichen des antiken Optimismus, daß man glaubte, durch Reden überzeugen zu können. Wir dürfen diesen Optimismus bewundern, ohne uns ihm hinzugeben, jedenfalls nicht in unserer Zeit und in unseren politischen Verhältnissen. Zumindest sollte man von Fall zu Fall prüfen, welche Chancen bestehen, überzeugen zu können. Oder erleben wir es nicht täglich, daß, vor allem in zahlenmäßig fixierten Gremien, die besten Argumente und die schönsten Reden nur dazu taugen, zum Fenster hinaus und in den Fernsehschirm hinein geredet zu werden — das Abstimmungsergebnis steht vor der Debatte längst fest. Die antike Demokratie ist im Gegensatz zu unserer als repräsentative Demokratie (das Rätesystem gehört dazu) nicht einmal denkbar.

Es ist nicht leicht, sich eine Vorstellung vom antiken *Rhetorikunterricht* zu machen. Wohl haben wir außer den rhetorischen Schriften des Hermogenes und der Kurzfassung eines Lehrgangs, der sog. ›Rhetorik an Herennius‹, die dafür kaum etwas ausgeben, das Lehrbuch Quintilians, ›Institutio oratoria‹. Aber ein Lehrbuch, selbst ein solches, das auch über den Unterricht, über Lehrer und Schüler, sogar über Orthographie und Grammatik etwas sagt (besonders Buch I und II), muß im Grundsätzlichen und Systematischen bleiben, und es muß theoretische Forderungen stellen, das erstrebte Ziel im Auge haltend, es kann uns aber nicht in den lebendigen Unterricht einführen. Noch weniger können dies z. B. die ›Rhetorik‹ des Aristoteles oder Ciceros ›De oratore‹ und ›Orator‹, die andere, nicht nur rhetorische und überhaupt keine direkten praktisch-pädagogischen Ziele haben. Auch Ciceros Jugendwerk ›De inventione‹ ist nicht nur als echtes Unterrichtswerk geschrieben, abgesehen davon, daß es nur einen Teilbereich behandelt.

Selbstverständlich ist der Typ des *plagosus Orbilius*, des 'schlagkräftigen Orbilius' (Horaz epist. II 1, 70; auch der Epigrammatiker Domitius Marsus vergaß ihm nicht *ferula scuticaque* 'Stock und Knute') nicht im höheren Unterricht, dem Rhetorikunterricht zu Hause, sondern nur im Grammatikunterricht, zu dem außer der eigentlichen Grammatik auch die Schriftstellerlektüre gehörte und der die natürliche Voraussetzung für den Rhetorikunterricht bildete. Immerhin betont Quintilian (inst. or. II 2, 4) für den Rhetorikunterricht, daß zur *comitas* 'Freundlichkeit' des Lehrers eine gewisse *disciplinae severitas* 'Strenge der Zucht' und überhaupt *austeritas* 'Strenge' gehöre.

Die zahlreichen regelrechten Lehrgänge in Rhetorik bei mehr oder weniger berühmten Lehrern waren der Hauptteil der höheren Bildung. Die Teilnahme an solchen Lehrgängen war die Voraussetzung für alle öffentlichen Ämter (ähnlich dem Studium der Rechtswissenschaft bei uns im 19. Jahrhundert, ein Erbe, das wir auch jetzt noch nicht ganz losgeworden sind). Selbst die höheren militärischen Ränge bedurften dieser Ausbildung.

Naturwissenschaft und Mathematik dagegen scheinen im Unterricht immer mehr zurückgetreten zu sein zugunsten der rhetorischen, d. h. also einer allgemein literarischen Ausbildung im weitesten Sinne[4]. Dagegen hatte noch Platon auf die Mathematik so großen Wert gelegt, daß die Legende entstehen konnte, über der Eingangstür der Akademie habe der Satz gestanden: μηδεὶς ἀγεωμέτρητος εἰσίτω 'keiner, der der Geometrie unkundig ist, gehe herein'. (Geometrie ist Mathematik im allgemeinen, die nicht als bloße Arithmetik, sondern in Verbindung mit der Geometrie gelehrt wurde. Erst später, in den artes liberales [s. u.] stehen Arithmetik und Geometrie selbständig nebeneinander, gehören aber in der Ausbildung eben als artes liberales zusammen.)

Wann mit dem Rhetorikunterricht begonnen werden sollte, darüber gab es keine einheitliche Meinung, wie aus Quintilian II 1 zu sehen ist. Dieser selbst ist der Ansicht, nicht das Lebensalter sei entscheidend, sondern was einer im Studium bereits erreicht habe. Im Zusammen-

---

[4] Selbstverständlich konnte man auch eine zusätzliche spezielle Ausbildung in Philosophie, Mathematik usw. durch Unterricht bei Spezialisten und durch Bücher erhalten. Sehr verbreitet war diese Mühe nicht.

hang damit steht auch die offene Frage, was den einzelnen Unterrichts-
stufen jeweils zugewiesen wird: „Wenn die Aufgabe der Grammatik
(also des Elementarunterrichts) erweitert wird bis zu den Suasorien
(den 'beratenden' Reden, d. h. Themen über einen bestimmten Gegenstand; sie bildeten üblicherweise den Anfang des rhetorischen Unterrichts, erst später folgten die controversiae, 'Streitfälle', meist gerichtliche), ist der Rhetor erst später nötig. Wenn aber der Rhetor sich den
ersten Aufgaben seines Berufes nicht versagt, wird seine Betreuung
schon gleich von den Erzählübungen und kleinen Übungsaufgaben im
Loben und Tadeln an verlangt."

Das Nachdenken über die Methoden war nicht verbreitet, die Psychologie noch nicht erfunden (jedenfalls nicht das, was heute darunter
verstanden wird), geschweige denn die besonderen Fächer der Kinder-
und Jugendpsychologie und der Pädagogik. So hatte jeder Lehrer seine
ihm gemäße und am geistigen Zustand seiner Schüler sich orientierende
Methode; nur der Erfolg gab ihm recht, machte ihn vielleicht sogar
berühmt, wie den genannten Orbilius und Molon und noch viele andere.
Es galt als selbstverständlich, daß (von gewissen, für allgemein gültig
gehaltenen Grundsätzen abgesehen) die Methode vom Lehrer und nicht
der Lehrer von der Methode abhängt, während man heute umgekehrt
oft den Eindruck hat, das Kennen und das (oft problematische) An-
wenden der jeweils modernen Methode mache den Lehrer aus.

Daß das Vorliegende kein Schnellkurs in Rhetorik sein kann und
will, versteht sich von selbst. Aber eine Einsicht in die Praxis und die
Praktiken, zumindest eine Sensibilisierung dafür, bringt jede Beschäftigung mit der Rhetorik zuwege. In der Rhetorik ist es ein brauchbares,
vielleicht das einzig brauchbare, sicher das einzig wissenschaftliche Verfahren zu untersuchen, wie bedeutende Vertreter der Vergangenheit
gearbeitet und was sie geleistet haben. Natürlich macht historisches
Wissen und auch die beste Kenntnis von Regeln und Anweisungen,
sogar deren Befolgung noch lange keinen Redner. Molon hatte viele
Schüler, aber nur einen Cicero.

DIE GRIECHISCHE RHETORIK

Die wissenschaftliche Beschäftigung mit der kunstmäßigen Rede, die Untersuchung ihrer Gestaltungsmittel und Wirkungskräfte, beginnt für die europäische Beredsamkeit mit den Sophisten, die zugleich auch die gewonnenen Erkenntnisse praktisch anwendeten und im Unterricht vermittelten. Denn natürlich war zuerst die Rede und dann die Rhetorik, nicht umgekehrt. Die Versuchung, theoretisches Wissen praktisch zu erproben, liegt kaum irgendwo so nahe wie in der Rhetorik, und selten erscheint andererseits die bloße Theorie so blutleer wie auf diesem Gebiet. In der Tat sind die ersten Rhetoren, die auch in der Antike als die ersten galten, Korax, Teisias, Thrasymachos und vor allem der bedeutende Gorgias, Theoretiker und Praktiker zugleich, Männer, die viel Zeit und Mühe aufgewendet haben müssen, die groben und die feinen, die wirksamen und die wirkungslosen, die das rechte Maß bewahrenden und die unmäßig bombastischen Mittel festzustellen, mit denen die Redner operierten. Wer solche Erkenntnisse gewonnen hat, ist kaum noch imstande, gewissermaßen naiv an eine Rede, eine gehörte oder eine selbst verfaßte und gesprochene, heranzugehen. Und eine Zeit, die pädagogisch so optimistisch war, daß sie an die Lehrbarkeit der ἀρετή an sich, der hohen menschlichen 'Tugend' glaubte, wird auch geneigt sein, die verhältnismäßig geringe ἀρετή der Rhetorik für lehrbar zu halten[5]. Macht man den Philosophen keinen Vorwurf daraus, daß sie ihre Erkenntnisse verbreiteten, so sollte man auch den Rhetoren nicht verargen, daß sie lehrten, was sie für lehrbar hielten. Nur wenn der eine oder andere die Kunst der Rhetorik für den Sinn der Bildung hält, ist diese wie jede Übertreibung von Übel. Ihnen vorzuwerfen, daß sie Geld für ihren Unterricht genommen haben, dazu hat unsere Zeit, in der der Privatgelehrte eher eine komische Figur ist, überhaupt kein Recht.

[5] Jörg Kube, Τέχνη und ἀρετή, Berlin 1969, hat (bes. S. 40 ff.) gezeigt, daß das Problem der Lehrbarkeit der ἀρετή wahrscheinlich schon vor den Sophisten diskutiert wurde. Die Sophisten waren geradezu genötigt, eine τέχνη, eine Methode zu entwickeln; sie hatten, das darf durch Kubes Ausführungen wohl als bewiesen gelten, ein deutliches Methodenbewußtsein, obwohl ihnen dies von Platon abgesprochen wurde.

Die Wichtigkeit der öffentlichen Rede in einem demokratisch organisierten Gemeinwesen, die Notwendigkeit, sich mit Hilfe der Rede im
Staatsleben und vor Gericht zu behaupten — Dinge, die lebenswichtig
werden konnten —, erzeugten sowohl die lebendige, kraftvolle, auf
Wirkung bedachte Rede selbst als auch das Suchen nach den Gründen
des gut und wirkungsvoll Redens; von hier zur Lehre ist dann nur
noch ein Schritt. Forschung und Lehre waren auch in der Antike Zwil-
linge. Die Praxis wollte natürlich vor allem Nutzen ziehen, die Technik interessierte, von ihr wollte man lernen, was und wie man nach-
zuahmen habe. Und die meisten Rhetoren kamen dem Bedürfnis der
τέχνη-Vermittlung recht gerne nach. Das gilt für die 'geschwätzigen'
Griechen selbstverständlich, aber kaum weniger für die Römer: man
denke nur an Quintilian, den ersten staatlich besoldeten Professor, an
den älteren Seneca und viele andere. Sogar der Cicero der rhetorischen
Werke ist nicht auszunehmen, wenn bei ihm auch die Rhetorik philosophisch erhöht erscheint, was dann allerdings bei anderen der Verwechslung von Rhetorik und Philosophie weiteren Vorschub leistete.
Die demokratische Grundlage des Staatswesens mußte der Kunst
der Überredung zu eminenter Bedeutung verhelfen, und je demokra-
tischer oder ochlokratischer es zuging, desto mehr. Denn es war ja nicht
so, daß von Parteien aufgestellte Redner die Meinung ihrer Partei-
oberen monologisch zum Fenster hinausredeten und die Abstimmung
bereits vor der Redeschlacht entschieden war. Im Staat und vor dem
Volksgericht wurde hart um die Sache gerungen. Natürlich wurden
auch damals nicht alle Entscheidungen nur nach sachlichen Gesichtspunkten getroffen, natürlich spielten auch damals oft sachfremde Über-
legungen eine Rolle, aber immer ist im Vorteil, wer gute und mit-
reißende Reden halten kann, und der von vornherein im Nachteil, der
das nicht kann. Selbst die Feldherren mußten überzeugen; die Feldherrnreden sind ein wichtiger Bestandteil der antiken Geschichtsschreibung. Dabei ist es in unserem Zusammenhang gleichgültig, wie genau,
besser wie ungenau die Historiker die Reden wiedergeben; Tatsache
jedenfalls ist, daß die Feldherren Reden hielten, die wenigsten und fast
nur, um die Soldaten anzufeuern, Männer wie Caesar, die meisten dagegen wohl ein Xenophon. Auch die Dialogführung im Drama ist ein
Stück angewandter Rhetorik. Überhaupt sind Dichtung und Prosa
stark mit Reden durchsetzt. Daher konnten die alten Redner auch
aus der Poesie im allgemeinen vieles lernen. Wenigstens für einen Teilbereich hat Werner Jaeger, Sitz.-Ber. Berlin 1926, 83 f., wenn auch aus
anderen Gründen (nämlich zur Stützung der Echtheit des Proömiums
zu Hesiods ›Erga‹), eindringlich darauf hingewiesen: „Es ist gelegent-

lich die erstaunliche Behauptung aufgestellt worden, dieses Proömium
sei nicht nur nicht echt, sondern auch nicht alt: seine 'Rhetorik' verweise
es in die Zeit der Entstehung der griechischen Kunstprosa." Der Vergleich der formalen Mittel (Jaeger führt eine ganze Reihe davon an) ist
in der Tat zutreffend, nur muß man den literarhistorischen Schluß um-
kehren: „die Stilmittel, deren die ältere Kunstprosa sich bedient, sind
großenteils alter Hymnenpoesie entlehnt, was für das feierliche
epideiktische γένος der Enkomien, Epitaphien, Epainoi durchaus
natürlich war." Auch der Antike blieben diese Tatsachen nicht verborgen, und so kommt es, daß schon die Götter und Heroen, besonders
Hermes, Nestor, Odysseus, als erste Redner galten, und daß Homer
nicht nur als Zeuge für die Redekunst der Götter und Helden ange-
rufen wird, sondern auch als Erfinder der Redekunst selbst gilt —
wenn er auch natürlich nicht als Lehrer der τέχνη gefeiert wird. Die
Belege sind in Ludwig Radermachers ›Artium scriptores, Reste der voraristotelischen Rhetorik‹, zu finden. Es ist völlig klar, daß gute Reden
längst ausgearbeitet und gehalten wurden, bevor es eine Lehre zur
Abfassung solcher Reden gegeben hat. Sonst hätte kaum das Bedürfnis
nach einer solchen Lehre, die ja ausdrücklich nicht reine Theorie, sondern praxisbezogen sein wollte, entstehen können. So zitiert Cicero im
Brutus 46 aus Aristoteles: ... *nam antea neminem solitum via nec
arte, sed accurate tamen et descripte*[6] *plerosque dicere.*

Man hat die allenthalben, auch in der Dichtung auftretenden Reden
einschließlich der praxisgebundenen Reden Vorformen der Rhetorik
genannt — nicht gerade glücklich, denn dann gilt als 'Rhetorik' nur die
schulmäßig erlernte. Da bei wenigen Gebieten die Gefahr der Schema-
tisierung und Regelhörigkeit so groß ist wie auf dem Gebiet der Schulrhetorik, ist es nicht verwunderlich, daß der Rhetorik allmählich etwas
Anrüchiges anhaftete und daß es als Abwertung gemeint war, wenn
man einen Dichter, z. B. Ovid, 'rhetorisch' nannte, obwohl doch die
Rhetorik dazu entstanden war, die natürliche Eloquenz zu erforschen
und eine Hilfe zu geben, besser zu reden und auch besser zu schreiben.

---

[6] Überliefert ist *de scripto*. Die Korrektur ist von Schmitz. Eberhard
konjizierte *discripte*. Zwar ist richtig, daß *di-* und *de-* leicht verwechselt wurden, doch ist die Form *de scripto* nur zu erklären, wenn *de-* (nicht *di-*) in der
Vorlage stand. — Keinesfalls darf man aber wie Kroll (so auch noch in der
Bearbeitung von Kytzler) für *discripte* Cic. de inv. I 49 zitieren, ohne zu
bemerken, daß dort *discr-* Konjektur für das überlieferte *descr-* ist. — Vgl.
auch Thes. l. l. V 1354: „*multis locis di- prave editores Bücheleri auctorita-
tem* (... Kl. Schr. I p. 135) *parum caute secuti.*"

Nach Aristoteles[7] hat der in der Mitte des 5. Jahrhunderts wirkende Staatsmann, Philosoph und Seher EMPEDOKLES die Technik der Redekunst angeregt; vielleicht wird das aber nur aus dem Grunde behauptet, weil Gorgias einer seiner zahlreichen Schüler war. Doch muß auch Empedokles selbst von großer rednerischer Kraft gewesen sein. Genauer: Aristoteles sagt ausdrücklich, Zenon habe die Dialektik, Empedokles die Rhetorik 'erfunden'. Die angegebene Richtung, woher eine solche Technik sich ausbreitete, ist sicher richtig: Die redefreudige Insel Sizilien, wo Empedokles geboren ist und wo er seine hauptsächliche Wirksamkeit entfaltete, darf auf jeden Fall das Verdienst in Anspruch nehmen, die Wiege der europäischen Rhetorik zu sein, denn die in der Antike berühmte geistige Regsamkeit der Sizilier brachte die ersten Verfasser einer rhetorischen τέχνη hervor. Die freie Rede und die Anleitung dazu konnte jedoch erst nach Beseitigung der Tyrannis gedeihen. Eindeutig bekräftigen die antiken Zeugnisse, daß es die Syrakusaner KORAX und TEISIAS gewesen sind, die (nach dem Ende der Tyrannis des Hieron 467 v. Chr.) als erste eine τέχνη (ars) der Rhetorik verfaßt haben. Auch der hervorragende Schüler des Teisias, GORGIAS, der der Rhetorik den entscheidenden Anstoß gegeben und an ihrer frühen Verbreitung den größten Anteil hat, ist Sizilier aus Leontinoi. Dabei wird die politische Beredsamkeit mehr dem Korax, die gerichtliche dem Teisias zugeordnet, während Gorgias als Begründer der schönen, oft zweckfreien Rede — mit all ihren rhythmischen und sonstigen Finessen — gilt. So jedenfalls stellt sich die Sache in den Nachrichten späterer Rhetoren dar. (Radermacher führt diese Berichte letztlich auf Timaios zurück, was allerdings Jacoby FGrHist III b Anm., S. 345 bezweifelt.) Diese Verteilung auf die drei Redner, die jeweils im Lehrer-Schüler-Verhältnis (Korax-Teisias-Gorgias) standen, ist zu glatt, als daß sie nicht Zweifel geweckt hätte[8]. Etwas anders Aristoteles (bei Cic. Brut. 46): Er setzt an den Anfang der wissenschaftlichen Untersuchung, und zwar gerade bei den beiden Syrakusanern, allein die Gerichtsrede. An anderer Stelle (rhet. I 1, 1354 b) behauptet er sogar, die Technologen hätten sich bis auf seine Zeit nur mit dem γένος δικανικόν, der Gerichtsrede, befaßt. Zweifellos stand die Gerichtsrede immer weit im Vordergrund, wenn auch Aristoteles für sie und für die

---

[7] Bei Diog. Laert. VIII 57; IX 25. Sext. Emp. adv. math. VII 6. vgl. Quintil. III 1, 8.

[8] Vgl. P. Hamberger, Die rednerische Disposition in der alten Τέχνη ῥητορική, Paderborn 1914 (= Rhetor. Stud. 2) 12 ff. Radermacher (s. Lit.-Verz.) dagegen scheint geneigt, daran festzuhalten.

Staatsrede die gleiche Methode in Anspruch nimmt. Beide Berichte, Timaios (?) und Aristoteles, stimmen darin überein, daß die Beredsamkeit sich erst nach dem Ende der Tyrannis entwickelte, entweder, weil Korax, der unter Hieron eine politische Rolle spielte [9], nach Einführung der Demokratie mit Hilfe der Beredsamkeit politischen Einfluß gewinnen wollte oder weil nach dem Ende der Tyrannis die aufgeschobenen Privatprozesse nachgeholt werden mußten [10].

Die Redelehrer konnten nicht darauf verzichten, ihren Schülern Aufgaben zu stellen, denn, um mit Protagoras zu sprechen, ein Nichts ist Fertigkeit ohne Übung oder Übung ohne Fertigkeit (Frg. 10, jedoch in bezug auf die Mathematik). Die Themen mußten sie sich wohl oder übel zum Teil selbst ausdenken. Einen Vorwurf kann man ihnen daraus nicht machen. Nur dies, daß die Rhetoren, vor allem in späterer Zeit, allzu oft der Versuchung nachgaben, die Lehre als Selbstzweck zu betrachten statt als Mittel zum Zweck, so daß die Themen keine Beziehung auf wirkliches oder auch nur mögliches Geschehen hatten, darf man ihnen mit Fug und Recht ankreiden, und auch dies, daß sie die Freude an ihrem Können manchmal hingerissen hat zu meinen, alles, auch das Absurde, beweisen zu können und zu dürfen, selbst unter Anwendung von Finten, Fang- und Trugschlüssen. Das Spiel mit Gedanken, das Denkmögliche zu denken, das liegt so im griechischen Wesen [11], daß die Rhetorik davon keine Ausnahme macht. Aber das Vergnügen an geschliffener Rede ist nicht nur einseitig gewesen: Es ist ja gar nicht so, daß die Rhetorik nur dazu da war, den Zuhörer zu übertölpeln. Der Zuhörer selbst verlangte eine Darstellung, an der er sich delektieren konnte, die ihm Genuß bereitete.

Selbstverständlich sind die ersten τέχναι nicht umfassende Lehrgebäude gewesen. Die diffizilsten Beobachtungen und Regeln können nicht am Anfang gestanden sein, ohne daß wir aber wegen des Mangels an zuverlässiger Überlieferung mit hinreichender Sicherheit zu

---

[9] Zweifel an dieser Nachricht bei H. Berve, Die Tyrannis bei den Griechen, München 1967, I 152.

[10] Während einerseits der Bericht des Timaios (?) allzu glatt aufgeht, hat andererseits dessen Begründung, nach Beseitigung der Tyrannis sei die politische Beredsamkeit hervorgetreten, weit mehr Wahrscheinlichkeit für sich als die des Aristoteles, die Privatprozesse seien während der Tyrannis unterbrochen gewesen.

[11] „Griechisch sein, heißt eine Sache bis in ihre letzten Möglichkeiten treiben", R. Harder, Das neue Bild der Antike I 98 = Kl. Schr. München 1960, 88.

sagen vermögen, was bereits die Begründer Korax und Teisias fest-
gestellt haben. Wohl werden sie keine zwei miteinander konkurrierende
τέχναι verfaßt haben, doch wie wir uns die schriftliche Fixierung im
einzelnen vorstellen sollen, geht aus den Quellen nicht hervor. Auch
auf eine Angabe wie Aristoteles rhet. II 24, 1402 a 17, wo Κόρακος
τέχνη steht, ist nicht in der Weise Verlaß, daß nur Korax eine τέχνη
aufgezeichnet habe, denn der gleiche Aristoteles nennt Soph. el. 34,
183 b 31 Teisias als Verfasser der τέχνη, und aus Platon Phaidr. 273 a
ergibt sich, daß man Teisias noch studieren konnte. Cicero bezeichnet
de inv. II 2, 6 Teisias als inventor der ars, während er de orat. I 91
Korax und Teisias gemeinsam nennt; im ›Brutus‹ 46 zitiert er Aristoteles, der sage, *artem et praecepta Siculos Coracem et Tisiam conscrip-
sisse.* Auch sonst pflegen beide gemeinsam genannt zu werden (vgl.
Quint. inst. III 1, 8; weitere Stellen bei Radermacher 28 ff.).

Platon Phaidr. 51, 267 a sagt, daß Teisias und Gorgias lehrten, das
Wahrscheinliche sei (in der Rede) höher zu schätzen als das Wahre
(d. h. die Wahrheit überzeuge nicht immer, das Wahrscheinliche dagegen glaubten die Hörer). Aus diesem Satz können wir schließen, daß
schon die frühesten Redelehrer die Lehre vom εἰκός, dem Wahrscheinlichen, gepflegt haben — und daß sie die Menschen recht gut kannten [12].

Vielleicht mit Recht haben Sokrates und Platon diese Leute ver-
achtet und bekämpft. Aber wer ist schon wie Sokrates? Wer verzichtet
denn vor Gericht auf eine zweckmäßige Verteidigung? Sollen wir deshalb die Rechtsanwälte bzw. die Rhetoren verdammen, weil sie den
vielen, die nicht wie Sokrates sind, helfen, ganz oder wenigstens billig
davonzukommen? Möglicherweise nämlich haben schon die Begründer
der Rhetorik für andere Reden geschrieben; eine antike, leider aber
etwas suspekte Nachricht [13] besagt das. Zumindest aber haben sie die
Mittel geliefert, vor Gericht zu bestehen. Welche Regeln gegeben wurden und wie die Regeln im einzelnen ausgesehen haben mögen, läßt
sich nicht mehr erkennen. Wahrscheinlich haben Korax und Teisias eine
erste Gliederung der Rede vorgenommen, mag es sich auch nur um eine
rohe Gliederung in Einleitung (προοίμιον), Hauptteil (ἀγῶνες) und
Schlußwort (ἐπίλογος) gehandelt haben. Auch von feineren Einteilungen ist die Rede, ohne daß die Nachrichten einheitlich sind. So hätten die Archegeten der Rhetorik bereits die Darlegung des Falles

---

[12] Ähnliches gilt für das Gerechte, das Gute, das Schöne usw.: Wichtig für
den Redner ist nicht so sehr zu wissen was ist, sondern was der Menge so zu
sein scheint.

[13] Pausan. VI 17, 8.

(διήγησις) von den Beweisen (πίστεις oder ἀγῶνες) getrennt und auch
den Exkurs, der bringt, was nur beiläufig zur Sache gehört, eigens benannt (παρέκβασις). Die Wahrscheinlichkeitsgründe (εἰκότα) kommen
innerhalb der Beweise zu Wort.

Den gewichtigsten, folgenreichsten Antrieb hat GORGIAS, der Schüler
des Teisias genannt wird, der Rhetorik gegeben. Zwar hat nicht er erst,
wie manchmal gesagt wird, die kunstmäßige Beredsamkeit aus Sizilien
nach Griechenland exportiert, als sich der beredte Mann im Auftrag
seiner Vaterstadt Leontinoi (dem jetzigen Lentini) im Jahre 427 nach
Athen begab. Schon vor Gorgias war THRASYMACHOS aus Kalchedon
(am Bosporus, gegenüber von Byzanz) in Athen. Dies ist der gleiche
Mann, der im I. Buch von Platons ›Staat‹ rücksichtslos die These ver-
tritt, Recht sei das dem Stärkeren, d. h. auch dem jeweils Herrschen-
den Nützende. Aristoteles nennt ihn soph. el. 34, p. 183 b 29 nach
Teisias und vor einem THEODOROS aus Byzanz. Von letzterem ist
kaum etwas bekannt, auch über THRASYMACHOS ist unser Wissen recht
gering. Die Überlieferung [14] bezeichnet ihn als 'Erfinder' der Satz-
Periodisierung und des Prosarhythmus, die nach antiker Auffassung
identisch waren. Da die Menschen der Antike in viel höherem Maße
Freude an der geschliffenen und klingenden Rede hatten, als das heut-
zutage, selbst in Frankreich, üblich ist, mußte diese 'Erfindung' das
Vergnügen an den Produkten der Redner noch um vieles erhöhen. Die
rhythmische Periodisierung hat die antike Rhetorik nie wieder verloren, im Gegenteil weiter gepflegt und nach Möglichkeit verfeinert.
Und nicht nur dies: Das in der künstlerischen Rede Erstrebte ist auch
eingegangen in die geformte Prosa ganz allgemein. Auch in ihr —
z. B. in der Geschichtsschreibung — sah man nicht nur ein Instrument
zur Tatsachenvermittlung. Was Anspruch auf Wert und Dauer erhob,
mußte künstlerisch durchgeformt sein. Das hängt auch damit zusammen, daß die Schnellesetechnik nicht einmal erstrebt wurde, ja vielmehr das laute, daher aufmerksame und vor allem klingende Lesen
Gewohnheit war. Das geht noch weiter: Zwar ist die Verskunst selbst
rhythmusgebunden, bedarf also in dieser Hinsicht keiner Anregung
durch die Rhetorik, aber wir wissen, daß sonstige Elemente der Gestaltung, die die Rhetorik aufgedeckt hatte, sich auch die Dichter zunutze machten, übrigens ohne daß man deren Produkte deswegen mißachtet hätte, wie das bei uns lange üblich war [15].

---

[14] Vgl. Cic. Or. 52, 175.
[15] Bekanntlich entging nicht einmal Vergil diesem Verdikt, von Ovid zu
schweigen.

Natürlich haben nicht etwa alle, die früher Reden gehalten hatten, rhythmuslos dahergeredet. Denn auch die rhythmische Periodisierung ist kein Schreibtischprodukt; erst ihre systematische Erforschung und die Ausarbeitung in Lehrvorträgen oder in einem Lehrbuch ist die Arbeit des Redelehrers und Redekünstlers. Besonderes Gewicht muß Thrasymachos außerdem auf die Lehre von der Erregung der Affekte gelegt haben, auch in der Gerichtsrede; bei den damals und noch lange Zeit allein üblichen Laienrichtern von eminenter Wichtigkeit. Die Angeklagten zogen bekanntlich alle Register. Berüchtigt sind die Rührszenen, die Angeklagte mit Frauen und Kindern, manchmal nur ausgeliehenen, vor Gerichten aufführten. — Sowenig wir die τέχναι der Früheren haben, fehlt uns auch das Lehrbuch des Thrasymachos, und wir haben nur das Fragment einer Rede ›Περὶ πολιτείας‹, das übrigens frei von Hiaten ist. Die Hiatvermeidung, die dann durch Isokrates geradezu zum Gesetz erhoben wurde [16], was dann von den Rednern fast durchwegs befolgt wurde, geht also mindestens auf ihn zurück. Im großen und ganzen scheint Thrasymachos einen gefälligen, nicht überladenen Stil gepflegt zu haben. Als seine Kennzeichen gelten Reinheit und Schlichtheit, so daß Thrasymachos für Theophrast als Repräsentant des μέσον ἐν λέξει gelten konnte (was nicht mit dem μέσον γένος der späteren Lehre von den genera elocutionis identisch ist).

Den deutlichsten Fortschritt und den entscheidenden Durchbruch hat die Rhetorik jedoch durch GORGIAS erfahren.

Zuvor aber sei kurz der sogenannten Sophistik gedacht, jener wirkungsmächtigen geistigen Bewegung des 5. Jahrhunderts, der auch Gorgias zugehört. Das Mißverständnis, das die falsche Bewertung der Sophistik ausgelöst hat, so daß z. B. eine 'sophistische Beweisführung' die eines Rechtsverdrehers oder Winkeladvokaten ist, aufzuhellen, ist hier nicht der Ort. Die Sophisten hatten zunächst unter ihrem Gegner Platon, dann vor allem durch die Ungunst der Überlieferung zu leiden, die uns zwar die Schriften Platons, nicht aber ihre eigenen bewahrt hat. Sophistik und Rhetorik gehörten damals aufs engste zusammen. Beide förderten die allgemeine Bildung, besonders die Jugendbildung, beide wollten nicht zweckfreie Forschung treiben, obwohl sie natürlich die theoretischen Grundlagen ihres Könnens untersuchten, beide drängten Naturwissenschaft und Metaphysik zugunsten der Ethik zurück, bzw. ließen sie nur insoweit zu, als sie sich auf den Menschen beziehen ließen. Oder anders ausgedrückt, um mit Cicero, Brut. 31, zu sprechen:

---

[16] Hermogenes Περὶ ἰδεῶν, p. 306, 23 ff.; vgl. 308, 13 ff. Rabe. Longinos (3. Jh. n. Chr.), Rhet. Graeci I Sp.-H. 188, 21 ff.

philosophia non illa de natura, quae fuerat antiquior (gemeint ist die sog. ionische Naturphilosophie), *sed haec, in qua de bonis rebus et malis deque hominum vita et moribus disputatur.* Mit der Sophistik beginnt sich die Philosophie in erster Linie für den Menschen und seine Beziehungen zur Umwelt, seine soziologische Stellung, zu interessieren. Bezeichnend ist der viel mißverstandene und viel verlästerte Satz des PROTAGORAS: πάντων χρημάτων μέτρον ἄνθρωπος εἶναι, τῶν μὲν ὄντων ὡς ἔστι, τῶν δὲ μὴ ὄντων ὡς οὐκ ἔστιν, 'Das Maß aller Dinge ist der Mensch, der seienden, wie sie sind, der nicht seienden, wie sie nicht sind' (zitiert bei Platon Theaet. 152 a 1). Das ist der, lateinisch ausgedrückt, homo-mensura-Satz, der zunächst nichts anderes sagt, als daß wir, da wir nun einmal Menschen sind, nur als Menschen Erkenntnis erlangen können.

Das Ziel der Sophisten war umfassend. Sie wollten die ganze Persönlichkeit bilden. Die Bezeichnung σοφιστής ('einer der kundig ist', ursprünglich ohne speziellen Sinn gebraucht) weist darauf hin. Die Ausbildung in der Beredsamkeit ist dann nur ein Teil davon. Die Leute, die wir auch unter die Rhetoren rechnen, haben die Beredsamkeit durch Ausgestaltung und Verfeinerung der Technik sowie durch Vermehrung der Kunstmittel, sehr oft auch durch eine τέχνη, ein Lehrbuch, gefördert.

Die Sophisten erwarben sich besondere Verdienste um die logische Durchdringung der Argumentation. Sie nannten dies Dialektik: Das Wort bezeugt Sinn und Absicht dieser Übung, διαλέγεσθαι 'sich unterreden'. Die Verstärkung, zunächst wohl eher als Schmähwort denn als wirkliche Kennzeichnung gebraucht, ist Eristik, von ἐρίζειν 'streiten'. Die gerade für den Unterricht in Griechenland spezifische Form war das Unterreden, d. h. die Frageform. Das gilt auch für die schwierigsten Probleme der Philosophie, Mathematik usw. Der Vorteil dieses Verfahrens liegt darin, daß die reine, nur dem Verfasser verstehbare Abstraktion ausgeschaltet wird, denn der Schüler soll ja durch geeignete Fragen selbst auf die richtige Antwort kommen. Daher sind die griechischen Lehrschriften großenteils in Dialogform geschrieben. Es liegt auf der Hand, daß dadurch die Übung im Reden und Argumentieren sehr gefördert wurde. Daher muß mit Fug und Recht Protagoras in einer Darstellung der Rhetorik wie Gorgias in einer der Sophistik erscheinen.

PROTAGORAS (etwa 480—410) stammte aus Abdera, einer damals blühenden Stadt in Thrakien, die auch die Heimat Demokrits und die Wahlheimat Leukipps gewesen ist. Berüchtigt war außer dem schon zitierten homo-mensura-Satz sein Anerbieten, er könne die schwächere Rede zur stärkeren machen; er versprach, dies auch zu lehren. Daß die

Menschen das gleich im Sinne von 'Unrecht zu Recht verkehren' verstanden, läßt sich schon aus den ›Wolken‹ des Aristophanes 89 ff. sehen; Vs. 114 f. lautet: τούτοιν τὸν ἕτερον τοῖν λόγοιν τὸν ἥττονα, νικᾶν λέγοντά φασι τἀδικώτερα, ein Vorwurf, der hier gegen die Sophisten allgemein, Sokrates ausdrücklich eingeschlossen, erhoben wird. Wir begegnen dem ethischen Dilemma, wieweit gute Rhetorik überhaupt zu rechtfertigen ist. Inwiefern Protagoras selbst an einem solchen Verständnis jenes Satzes schuld ist und ob er es gar beabsichtigt hat, läßt sich nicht mehr mit Sicherheit sagen. Der Satz könnte nämlich auch nur bedeuten, daß die voraussichtlich unterlegene Rede (die keineswegs die des Unrechts sein muß) so gestärkt werden soll, daß sie die voraussichtlich siegreiche (die keineswegs immer die des Rechtes ist) besiegt[17]. Eingeprägt hat sich der Satz natürlich auch durch seine geschliffene Formulierung. Allerdings wird das Anerbieten, die schwächere Sache zur stärkeren zu machen, nicht nur Protagoras zugeschrieben. Cicero Brut. 30, zählt auf: *Leontinus Gorgias, Thrasymachus Calchedonius, Protagoras Abderites, Prodicus Cius, Hippias Elius ... aliique multi temporibus eisdem docere se profitebantur arrogantibus sane verbis, quemadmodum causa inferior — ita enim loquebantur — dicendo fieri superior posset.* Quintilian inst. II 16, 3 berichtet, man habe das auch von Teisias, Gorgias und auch von Sokrates (der ja den Zeitgenossen als einer der Sophisten erschienen ist) behauptet: *nam et Socrati obiciunt comici docere eum, quo modo peiorem causam meliorem faciat, et contra Tisiam et Gorgiam similia dicit polliceri Plato.* Damit könnte Platons Phaidros 51, 267 a—b gemeint sein, wo es von Teisias und Gorgias heißt: „Sie sahen, daß höher als das Wahre das Wahrscheinliche geschätzt werden müsse (das geht auf die bereits erwähnte Bevorzugung des Wahrscheinlichen); sie bewirken durch die Kraft ihrer Rede, daß die kleinen Dinge groß und die großen klein erscheinen, und sie reden von Neuem auf alte Art und vom Gegenteil auf Moderne; sowohl die Kürze wie auch die unendliche Länge der Rede über alle Gegenstände haben sie erfunden (d. h. sie konnten über jeden Gegenstand in jeder gewünschten Länge reden)." In der lateinischen Übersetzung von λόγος durch *causa* tritt die Bedeutung 'Streit — Prozeßsache' deutlich in den Vordergrund, was im griechischen Wortlaut nicht so gemeint sein muß: Cicero sagt *causa inferior — superior*; Quintilian schließt später jeden Rest eines Zweifels aus, indem er *peiorem — causam — meliorem* sagt. Quintilian bezweifelt überhaupt

---

[17] Schon Blass (Beredsamkeit I 25) hat einen ähnlichen Gedanken geäußert, wenn auch recht vorsichtig, ohne jedoch Gehör zu finden.

nicht, daß der Satz in diesem Sinne zu verstehen sei, er berichtet nur,
daß die Komiker, mit denen er sich nicht identifiziert, das gleiche auch
von Sokrates behaupteten, und weiter, daß Platon auch Teisias und
Gorgias dies vorgeworfen habe.

Es wundert nicht, daß diese vermessene Behauptung ganz natürlich
als Grund für des Protagoras Ausweisung aus Athen galt (Aristoteles
findet, Protagoras sei wegen des τὸν ἥττω λόγον κρείττω ποιεῖν zu Recht
vertrieben worden: rhet. II 24, 1402 a), obwohl man sich hätte fragen
sollen, was dann mit den anderen Sophisten gewesen ist. In Wahrheit
geht nämlich die Ausweisung — oder die Flucht vor Bestrafung, wobei
er dann umkam — nicht darauf, sondern auf eine Asebie-Anklage zurück. Protagoras' Relativierung herkömmlicher Dinge hatte nämlich
längst den Unwillen der staats- und gesellschaftserhaltenden, das ist in
Athen der demokratischen Kräfte hervorgerufen. Die Relativierung
hatte auch vor der Götterlehre nicht haltgemacht: „Von den Göttern
vermag ich nicht festzustellen, weder daß es sie gibt, noch daß es sie
nicht gibt, noch was für eine Gestalt sie haben" (Frg. 4 Diels). Man hat
die Untersuchung und, als Folge davon, die Relativierung der Werte
den Sophisten bis auf den heutigen Tag verübelt. Aber waren nicht zuerst die alten Bindungen an Staat und Götter fragwürdig geworden,
bevor die Sophisten das Fragwürdige zu fragen wagten?

Protagoras' Einfluß auf die Beredsamkeit ist recht nützlich gewesen.
Zwar war er nicht der 'Erfinder' der Grammatik (die gröberen Unterschiede des Wortgebrauches und des Satzbaues sind nicht erst ihm aufgefallen), aber er hat sich unschätzbare Verdienste um die Erforschung
der grammatischen Erscheinungen und Bezüge erworben. Von der Sophistik an wird der Grammatik-Unterricht zum Bestandteil der Schulbildung. Man vergegenwärtige sich, daß die Grammatik nicht geschaffen wurde, die Sprache zu erschweren, sondern zu erleichtern, sowie
zum Zweck der Sprachrichtigkeit im Sinne allgemeiner Verständlichkeit und brauchbarer sprachlicher Kommunikation. Auf Sprachrichtigkeit war das Streben des Protagoras gerichtet. Mag er auch manchmal
über das Ziel hinausgeschossen sein[18], aber er hat die Modi und Genera
und noch manches andere aufgedeckt oder klargestellt[19].

[18] Wie, wenn er beanstandet, der erste Halbvers der Ilias enthalte zwei
Fehler: Den Imperativ, denn der Dichter könne und wolle der Göttin nicht
befehlen, sondern sie bitten, so daß also der Optativ angebracht gewesen
wäre, und μῆνις, der Zorn, der hier wie sonst im Griechischen Femininum ist,
sei doch in Wahrheit eine männliche Regung.

[19] Die von den ersten Sprachforschern verwendeten Termini können hier
außer Betracht bleiben. Protagoras nannte z. B. die Modi 'Stämme', die er in

Er war übrigens, wie Diogenes Laertios IX 51 versichert, der erste, der aussprach, von jeder Sache gebe es zwei entgegengesetzte Aussagen, ein für die weitere Entwicklung der Rhetorik ungeheuer wichtiger Satz, denn die Übung in Rede und Gegenrede ist im Unterricht stets lebendig geblieben.

Wohl könnten wir noch Namen anderer Sophisten, wie PRODIKOS von Keos, der sich um die Synonymik verdient gemacht hat, und den vielseitigen HIPPIAS von Elis nennen, beide von ihren Heimatstädten als kluge und beredte Männer mit Gesandtschaften betraut. Noch andere Sophisten haben in Theorie und Praxis etwas für die Rhetorik geleistet, ohne daß wir ihre Verdienste im einzelnen feststellen können. Ihr Absehen war meist weniger auf Rhetorik als auf 'Philosophie' gerichtet, auf Weisheitslehre, wovon die Rhetorik nur einen Teil, und da sogar nur einen Teil der praktischen Anwendung darstellte. Mit gleichem Recht könnte man auch PERIKLES, einen Volksredner höchster Begabung, heranziehen, der jedoch allein den praktischen Zweck der Volksführung im Sinne hatte, und das mit beachtlichem Erfolg. Berühmt ist das Wort des Thukydides II 65, Athen sei in seiner Glanzzeit dem Namen nach zwar eine Demokratie gewesen, in Wahrheit aber sei es unter der Herrschaft des ersten Mannes gestanden. Thukydides hebt an der gleichen Stelle hervor, worauf sich des Perikles Führerrolle begründete: Persönliche Makellosigkeit war zwar die Voraussetzung, die Macht aber übte er aus durch seine Reden.

Den ganz großen Aufschwung erhält die Rhetorik, wie bereits erwähnt, durch den Sizilier GORGIAS aus Leontinoi. Manches, was man später auf ihn zurückführte, mag nicht direkt von ihm ausgegangen sein. Aber das erhellt nur die Bedeutung, die man ihm schon im Altertum beimaß. Er vor allem hat der Schulrhetorik die Tore des griechischen Festlandes geöffnet. Im Sommer des Jahres 427 suchte Gorgias als Führer einer Gesandtschaft Athen zu bewegen, seiner Heimatstadt gegen Syrakus zu Hilfe zu kommen. Es zeigt sich also immer wieder, daß die Griechen der Redegabe vertrauten und daß die Städte mit diplomatischen Missionen vorzugsweise ihre wirkungsvollsten Redner betrauten. Sie scheinen damit gute Erfahrungen gemacht zu haben; so auch bei diesem Hilfeersuchen von Leontinoi an das nachperikleische Athen. (Perikles war zwei Jahre zuvor an der Pest gestorben.) Von dieser Gesandtschaft berichten der im ersten Jahrhundert v. Chr. lebende Universalgeschichtsschreiber Diodor aus Sizilien XII

Wunsch, Frage, Antwort, Befehl (Optativ, Konjunktiv, Indikativ, Imperativ) einteilte.

53 und Thukydides III 86; allerdings nennt Thukydides nicht den Namen des Gorgias. Quellenstudien haben gezeigt, daß Diodors Quelle hier der hochgeschätzte Geschichtsschreiber Timaios (etwa 346—250 v. Chr., aus Tauromenion in Sizilien, jetzt Taormina) gewesen sein dürfte[20]. Die Späteren stimmen mit Diodor überein. Gorgias' Rede muß großen Eindruck gemacht haben: „Durch das Neuartige seiner Redeweise riß er die Athener, die von guter Anlage und Freunde der Rede sind, hin" (Diodor s. o.).

Es ist verständlich, daß es einen Mann von den Ambitionen des Gorgias aus der relativen Enge des Kolonialbodens in das griechische Mutterland zog. So scheint er etwa von der Mitte seines Lebens ab das Leben eines Wanderredners und Wanderlehrers geführt zu haben. Festreden in Delphi und Olympia sind bezeugt, auch ein zweiter Aufenthalt in Athen ist sicher. Gorgias soll ein hohes Alter, über 100 Jahre — 109 sagt die Überlieferung — erreicht haben; gestorben ist er vielleicht in Larissa in Thessalien. Unwahrscheinliches wird von dem Reichtum erzählt, den er dank hoher Honorarforderungen und reicher Schüler angesammelt hatte. Vieles jedoch mag die Legende übertrieben haben: So ist z. B. bei Cicero de or. III 129 und bei Plinius nat. hist. XXXIII 83 von einer massiv-goldenen Statue die Rede, die er von sich selbst in Delphi habe aufstellen lassen: *non inaurata statua sed aurea,* sagt Cicero, der es aber so darstellt, als hätte die Statue nicht Gorgias selbst, sondern als hätten die Griechen sie ihm zu Ehren aufgestellt. Aber Pausanias hat sie noch selbst gesehen, und berichtet X 18, 7, sie sei vergoldet gewesen. Von dieser Statue ist nichts erhalten. Zufällig aber haben wir die Inschrift zu einer anderen Statue, die ihm sein Großneffe Eumolpos in Olympia errichtet hatte. Jedenfalls führte Gorgias kein armseliges Schulmeisterleben. *tantus erat docendae artis oratoriae quaestus,* ruft Plinius an der genannten Stelle aus.

Gorgias erhob, wie die anderen Sophisten, den Anspruch, ein hervorragendes Rezept für die Jugendbildung zu haben, und dieses Rezept verordnete in erster Linie rednerischen Unterricht — typische Verwechslung zwischen formaler und faktischer Bildung. Letztere ist zwar ohne erstere nicht möglich; aber daß sie die formale Schulung als Selbstzweck betrieben, kann man vielen Sophisten vorwerfen. Dadurch unterschied sich das sokratisch-platonische Ideal von der sophistischen Praxis, und daher der Kampf Platons gegen die Sophisten, auch gegen Gorgias. — Die legitime Aufgabe des Lehrers, durch Übungsstücke die sprachliche Fertigkeit der Schüler auszubilden, haben zumindest Prota-

---

[20] Vgl. E. Schwartz RE V 686. R. Laqueur RE VI A 1095.

goras und Gorgias dahingehend erweitert, daß sie Stücke zum Auswendiglernen gaben, und zwar nicht etwa als bloße Exempla, sondern
als sog. τόποι, 'Gemeinplätze': *qui nunc communes appellantur loci*,
sagt Cicero Brut. 46; das waren ausgearbeitete, wirkungsvolle Stücke,
die am meisten Aussicht hatten, in viele Reden hineinzupassen, also
immer wieder verwendbar waren. Trotz des vielen Gemeinsamen von
Eristik und Rhetorik kann man doch sagen, daß Protagoras mehr auf
die erstere, also die Beweis- und Argumentiertechnik, Gorgias mehr
auf die Technik der Rede Wert legte. Gorgias jedenfalls war es, der die
Ausbildung energisch auf die Redekunst konzentrierte. Alles übrige,
was er lehrte, waren ihm nur Hilfskenntnisse. Von ihm geht der Versuch aus, mit der Prosa die gleiche oder eine höhere Wirkung zu erzielen, wie das bisher nur mit der Poesie möglich war. Daß Gorgias nicht
aus dem Nichts schaffen mußte, wurde schon erwähnt: Homer und die
Tragiker, die Lyriker und Komiker verwendeten, nicht nur in den eingelegten Reden, längst Mittel, die auch die Rhetorik beanspruchte. Die
Dichter wollten ja nicht nur metrisch und im übrigen kunstlos schreiben, abgesehen davon, daß auch sie oft die Absicht hatten, ihre Hörer
und Leser zu überzeugen oder, wie im Drama, den Gesprächspartner
zu überreden.

Von Gorgias haben wir noch zwei Musterreden, nämlich ›Helena‹
und ›Palamedes‹, die eine Lob und Verteidigung Helenas, die andere
eine Verteidigungsrede, die der des Verrats angeklagte Palamedes gehalten haben könnte. Beide Reden gelten jetzt als echt. Außerdem ist
ein Stück einer Grabrede auf die gefallenen Athener erhalten. Die
Reden bestätigen im großen und ganzen das, was Diodor von des
Gorgias Rede in Athen berichtet: Der Stil ist geistreich, voll Figuren,
ungewöhnlich, klangvoll bis zum Geklingel; häufig erscheint das
ὁμοιοτέλευτον, also der Gleichklang am Satzende, der Reim. Im
›Symposion‹ läßt Platon den Gorgias-Schüler Agathon (den Tragö-
diendichter) eine Rede im Gorgianischen Stil halten, „daß“, wie Wal-
ther Kranz in seiner Geschichte der griechischen Literatur, Leipzig
²1949, S. 251 sagt, „noch uns Hören und Sehen vergeht“.

Verfaßt hat Gorgias auch eine verlorene Techne und philosophische
Schriften. Von letzteren ist uns ›Über die Wahrheit‹ wenigstens in
einem Punkt vorstellbar, und zwar deshalb, weil sie zu allen Zeiten
wegen ihres rigorosen Skeptizismus aufgefallen ist. Die Konsequenz
lautet: „Nichts ist. Wenn etwas wäre, wäre es den Menschen unerkenn-
bar. Wenn es erkennbar wäre, wäre es den Menschen nicht mitteilbar
und deutbar.“ Die Beweisführung bemüht sich um erkenntnistheore-
tische Probleme, so daß wir nicht einfach sagen dürfen, die These sei

ein rhetorisches Paradoxon gewesen, um zu brillieren. Aber wie das zu einem Manne, der selbst lehrt, paßt, ist eine offene Frage. σχήματα nannte und nennt man die sog. Redefiguren. Nach dem εὑρετής heißen sie auch Γοργίεια σχήματα, auch die, die nicht direkt auf Gorgias zurückgehen. Faßt man εὑρετής nicht zu eng, sondern erkennt man an, daß Gorgias nur bewußt und in hervorragendem Maße die Wirkungen der σχήματα untersuchte und anzuwenden lehrte, wird man dieser in der Antike unbestrittenen Behauptung, die wir auf Timaios zurückführen dürfen [21], zustimmen. Natürlich hat der εὑρετής nicht das vollständige und vollkommene System hervorgebracht. Anläßlich der schon erwähnten Gesandtschaft des Gorgias in Athen sagt Diodor an der genannten Stelle XII 53: „Er zuerst gebrauchte die besonderen und sich durch ihre Kunst auszeichnenden Redefiguren, ἀντίθετα, ἰσόκωλα, πάρισα, ὁμοιοτέλευτα und einige andere derartige Dinge, die damals wegen der Fremdartigkeit bereitwillig aufgenommen wurden, die aber jetzt (d. h. zu Diodors Zeit, also im 1. Jahrhundert v. Chr.) für kleinlich gelten und, häufig bis zum Überdruß gesetzt, lächerlich erscheinen." Die unbegabte und unmäßige Nachtreterei verdirbt wirkungsvolle Dinge zur lächerlichen Wirkungslosigkeit, denn Diodor verdammt ja nicht etwa die σχήματα selbst, sondern das Übermaß ihrer Verwendung, wobei allerdings auch schon die an sich rechte Verwendung sehr vorsichtig vonstatten gehen müsse, da die Hörer dergleichen nicht mehr gerne vernähmen.

Nun ist es an der Zeit, ein erklärendes Wort über *Tropen und Figuren* einzufügen, ohne daß hier sämtliche ausgebreitet werden sollen (vgl. unten S. 84 ff.). Tropus, griech. τρόπος, lat. ebenfalls *tropus,* wird am besten von Quintilian VIII 6, 1 definiert: τρόπος *est verbi vel sermonis a propria significatione in aliam cum virtute mutatio,* 'τρόπος ist die Veränderung eines Wortes oder einer Ausdrucksweise von der eigentlichen Bedeutung in eine andere, und zwar *cum virtute*'; die letzten beiden Wörter warnen vor Übertreibung und unpassenden, lächer-

---

[21] Zu finden bei Diodor XII 53. Diodor nennt nicht seine Quelle. Dionysios von Halikarnaß, de Lysia 3, aber erzählt, nur kürzer, Ähnliches unter ausdrücklicher Nennung des Timaios. — Es hat wenig zu besagen, daß etwa Philostratos, vitae soph. I 13, berichtet, einige schrieben die Entdeckung der πάρισα, ἀντίθετα und ὁμοιοτέτευτα dem Gorgias-Schüler Polos zu, also gerade das, wodurch Gorgias in Athen besonders glänzte (s. u.), zumal Philostratos selbst betont, das sei unrichtig, Polos habe diesen Redeschmuck nur mißbraucht, d. h. im Übermaß angewendet. Selbstverständlich hat auch die Antike nicht allein dem Gorgias die Entdeckung des gesamten Redeschmucks zugeschrieben, nur in der Zuweisung war man nicht einig.

lichen τϱόποι. Damit würde man sich, rhetorisch ausgedrückt, einer κακία, eines κακόζηλον, eines *vitium* schuldig machen. Eine andere gute Definition steht bei Charisius p. 272 (Grammatici Latini ed. Keil, Band I, hrsg. von Barwick Leipzig 1964): *tropus est dictio translata a propria significatione ad non propriam similitudinem necessitatis aut cultus gratia,* 'Tropus ist eine übertragene Redeweise von der eigentlichen Bedeutung zu einer uneigentlichen Ähnlichkeit (d. h. zu einer uneigentlichen, nur ähnlichen Bedeutung), der Notwendigkeit oder des Schmuckes wegen'. Ganz knapp Quintilian inst. or. IX 1, 5 ... *in tropis ponuntur verba alia pro aliis.* Es geht also um die Austauschung eines Wortes oder einer Wendung. Der häufigste Tropus ist die Metapher, μεταφοϱά, *translatio.* Weitet man diesen Begriff gehörig aus, könnte man alle Tropen auf die Metapher zurückführen. Unter den Tropen besteht also kein fundamentaler oder genereller Unterschied. Einigkeit herrscht, daß ein maßvoller Gebrauch der Tropen dem Schmuck, dem *ornatus,* der Rede nützt, Übertreibung dagegen lächerlich und schädlich ist. Was man unter Übertreibung versteht, läßt sich allerdings nicht definieren. Nur darüber kann man noch Einigkeit erzielen, daß in der Dichtung mehr erlaubt ist als in der Prosa, aber auch hier wieder in der Prunkrede mehr als in der gerichtlichen oder politischen Rede. Bei Charisius macht sich auch die Erkenntnis geltend, daß es 'notwendige' Tropen gibt. Wenn wir statt 'Augen' 'Lichter', lat. *lumina,* sagen oder wenn Homer statt 'Achill' 'Löwe in der Schlacht' sagt, so ist das keine notwendige Metapher, sondern eine, die lediglich dem Schmuck dient. Wenn wir aber von 'Feder' sprechen und dabei die Stahlfeder meinen oder wenn wir von 'Zähnen' der Säge reden, so ist das eine notwendige, weil durch nichts ersetzbare Metapher, die daher auch kaum noch als solche, folglich auch nicht als Schmuck empfunden wird. Über notwendige Metaphern hat Jean Paul in der Vorschule der Ästhetik § 20 geschrieben: „Jede Sprache ist in Rücksicht geistiger Bezeichnungen ein Wörterbuch erblasseter Metaphern." Auch anderen Rhetoren ist natürlich nicht verborgen geblieben, daß es notwendige Metaphern gibt. Beiläufig sei bemerkt, daß Quintilian inst. or. VIII 6, 9 den Unterschied von Vergleich und Metapher so exemplifiziert: Sage ich „er hat gekämpft wie ein Löwe", so ist das ein Vergleich, sage ich dagegen von einem Menschen „er ist ein Löwe", so ist das eine Metapher, *translatio.*

Für die Definition des rhetorischen Begriffes Figur, σχῆμα, plr. σχήματα, lat. *figura,* greifen wir ebenfalls auf Quintilian zurück. inst. or. IX 1, 4 schreibt er: *figura ... conformatio quaedam orationis remota a communi et primum se offerente ratione,* 'die Figur ist eine andere als die übliche und sich zunächst darbietende Gestalt der Rede'.

Zu den Figuren zählen die σχήματα, die Diodor an Gorgias, wie eben zitiert, rühmt und die in Athen so neuartig klangen. Zunächst also das ἀντίθετον, oft auch ἀντίθεσις genannt[22]. Wir sprechen von Antithesen, wenn wir, um auch hier wieder zu Quintilian zu greifen, Sätze hören wie: *vicit pudorem libido, timorem audacia* (Quint. IX, 3, 81 aus Cic. pro Cluentio § 15. Hier besteht die Antithese aus zwei Gegensatzpaaren *pudor — libido* und *timor — audacia*). Angemerkt sei, daß Quintilian, und nicht nur er, unterscheidet zwischen Wort-Antithesen, wie der eben zitierten, und Satz-Antithesen wie folgende: *odit populus Romanus privatam luxuriam, publicam magnificentiam diligit* (Quintil. IX 3, 82 aus Cic. pro Murena § 76).

Das zweite nach Diodor von Gorgias benützte auffallende σχῆμα ist das ἰσόκωλον; lat. heißt die Figur meist *comparatio* oder *compar*[23]. Manchmal findet man dafür auch noch andere Benennungen: πάρισον ⟨scil. σχῆμα⟩ oder auch παρίσωσις. Der Name ἰσόκωλον bezeichnet zunächst 'gleiche Kola', d. h. gleiche Perioden oder Sätze; er wird aber auch für kleinere Einheiten verwendet. Isokolon und Parisosis sind also zwei Namen für die gleiche Sache. Aristoteles verwendet zum Beispiel den Ausdruck ἰσόκωλον nicht, er sagt παρίσωσις und erklärt rhet. III 9, 9, 1410 a: παρίσωσις δ'ἐὰν ἴσα τὰ κῶλα, 'Parisosis, wenn die Kola gleich (d. h. gleich lang, aus gleich vielen Silben bestehend) sind'. Übrigens ist Isokrates ein Meister in der Anwendung dieser gefälligen und eingängigen Figur. Erst spätere Rhetoren machten gelegentlich einen Unterschied, und zwar so, daß das ἰσόκωλον die genau gleiche Silbenzahl der Glieder bezeichnet, die παρίσωσις oder das πάρισον die ungefähr gleiche Silbenzahl. Zurück geht das auf die Beobachtung, daß bei mehreren Gliedern oft das letzte länger ist als die vorhergehenden. Ob bei Diodor eine Unterscheidung zwischen Isokolon und Parison anzunehmen ist und welche, läßt sich nicht mehr klarstellen. Diodor geht es nicht um rhetorische Theorien — sonst müßte man darauf bestehen, daß zwei Namen verschiedene Dinge bezeichnen müssen —, sondern nur allgemein um Erklärung der Wirkung, die Gorgias in Athen ausübte. Die Allgemeinheit seiner Aussage wird klar durch das abschließende „und einige andere derartige Dinge".

[22] Die Römer verwendeten meist diesen griechischen Namen, nur manchmal in puristischem Bestreben *contrapositum* oder *contentio*.

[23] Die von Lausberg (s. Lit.-Verz.) ebenfalls zitierte Bezeichnung *exaequatum membris* (scil.: *schema*) ist kein Terminus, sondern eine Umschreibung.

Beim Isokolon, dessen Glieder sich aufeinander beziehen, stellt sich oft ganz natürlich die vierte von Diodor genannte Figur, das ὁμοιοτέλευτον ein, lat. *similiter desinens, simili modo determinatum,* dann nämlich, wenn die parallelen Glieder gleichklingend enden, 'reimen'. Der berühmte Anfang der 2. Catilinarischen Rede Ciceros *abiit, excessit, evasit, erupit* besteht aus Wörtern, die ὁμοιοτέλευτα sind. Der Auctor ad Herennium, jene anonyme, unter Ciceros Namen überlieferte Schrift, bildet IV 20, 28 für *similiter desinens* das Beispiel: *turpiter audes facere, nequiter studes dicere; vivis invidiose, delinquis studiose, loqueris odiose.* Es versteht sich von selbst, daß zur Zeit des Gorgias die feineren Unterscheidungen, die wir beim Auctor ad Herennium unmittelbar vor der zitierten Stelle finden, noch nicht durchgeführt wurden. Wir dürfen annehmen, daß zunächst die gröberen Unterschiede, und erst im Laufe weiterer Rhetoren-Generationen die feineren aufgedeckt wurden.

Gewiß ließen sich noch manche rhetorischen Unterricht gebende und die Theorie weiter ausbauende Sophisten nennen. Recht sinnvoll wäre dies in unserem Zusammenhang kaum. Denn meist wissen wir außer den Namen nichts, erst recht haben wir keine Proben ihrer Kunst. Es ist wohl klar, daß ein Mann wie Gorgias Schüler gehabt hat, die ihm nacheiferten; und es ist auch nicht zu verwundern, daß es zu Reaktionen kam. So hat der Gorgias-Schüler Alkidamas die Kunst des Extemporierens gefordert und gefördert. Umgekehrt ist in drei sog. Tetralogien, die Antiphon von Rhamnus zugeschrieben werden, die Beweistechnik noch weiter schematisiert. Es sind Beispiel- und Modellreden für die im drakontischen Recht festgelegten unterschiedlichen Fälle von Tötung, Mord, Totschlag und erlaubter Tötung. Tetralogien heißen sie, weil jeder, Kläger und Beklagter, nach attischem Recht zweimal sprechen durfte. Die Authentizität der Tetralogien ist zwar umstritten, sicher aber scheint, daß sie aus dieser Zeit stammen. Umstritten ist übrigens auch, ob der Sophist Antiphon und der Rhetor Antiphon die gleiche Person sind, oder, anders ausgedrückt, ob die Fragmente in Diels ›Vorsokratiker‹ Nr. 87 dem Redner gehören. Schon im Altertum hat Hermogenes (jener Redner aus dem 2. Jahrhundert n. Chr.; Hadrian hat den jungen Hermogenes noch gehört) in der Schrift Περὶ ἰδεῶν II 11 (p. 399 ff. Rabe = 414 Sp.) aus stilistischen Gründen auf die Verschiedenheit der beiden Männer geschlossen. (›Περὶ ἰδεῶν‹ handelt über Stilarten; nicht Platons Ideen sind gemeint.) Seine Redekunst hat Antiphon nicht das Leben gerettet: Aristokrat von Geburt und Überzeugung, war er politisch engagiert bei der Errichtung des Regimes der 400, wofür ihm im Jahre 411 der Prozeß gemacht wurde. Thukydides VIII 68 berichtet, er habe die noch bis auf seine Zeit beste Verteidigungsrede gehalten [24]. Aber er entging nicht der Hinrichtung — es war eben ein politischer Prozeß, und alles vermag die Rhetorik eben auch in Athen nicht.

Man sollte hier des SOKRATES und besonders PLATONS gedenken. Eine rechte Würdigung jedoch würde den hier gesteckten Rahmen sprengen. Schon die Titel mancher Platonischen Dialoge weisen auf seinen Kampf gegen die Sophisten hin, vor allem gegen deren umfassenden und, wie es Platon schien, unphilosophischen Erziehungsanspruch. Vor allem im ›Gorgias‹ und im ›Phaidros‹ hat er seine Gegnerschaft gegen die rhetorischen Vorstellungen der Sophisten literarisch dokumentiert. Das audiatur et altera pars ist hier nicht möglich, ohne Schuld Platons, denn er konnte bei aller Selbsteinschätzung nicht damit rechnen, daß wir heute zwar seine Schriften, nicht aber die seiner Gegner lesen können.

Wir stehen nun mitten in der hohen Zeit der attischen Beredsamkeit, einer Zeit, deren Redner später als musterhaft angesehen wurden. Als man nämlich gegen Ende des 2. Jahrhunderts v. Chr. der asianischen Sprachauswüchse müde war, stellte man einen Kanon der *zehn attischen Redner* zusammen [25], der von dem bereits genannten Antiphon (etwa 480 bis 411) bis zu dem Nachahmer des Demosthenes, Deinarchos (etwa 360 bis 290), reichte und folgende Redner umfaßt: Antiphon, Andokides, Lysias, Isokrates, Aischines (der Hauptgegner des Demosthenes), Isaios, Demosthenes, Hypereides (wie Demosthenes Feind der Makedonen), Lykurgos (Makedonenfeind; er ist übrigens der Mann, der das Dionysostheater am Südabhang der Akropolis neu in Stein errichten ließ und die Texte der drei großen Tragiker durch ein Staatsexemplar festlegte), Deinarchos. Es sind dies großenteils Redner,

---

[24] Kleine, nicht sehr aufschlußreiche Stücke sind auf Papyrus erhalten (abgedruckt in der Antiphon-Ausgabe von Blass-Thalheim, Leipzig 1914 (= 1966).

[25] Dieser Kanon ist der in der Kaiserzeit übliche. Bestimmt hatte er Vorstufen; auch die 10-Zahl ist wahrscheinlich nicht ursprünglich. Einige schreiben den Kanon dem Apollodoros von Pergamon zu (etwa 104—22 v. Chr.), dem Lehrer des Octavian und des Caecilius von Kaleakte, andere dem Caecilius von Kaleakte (über ihn s. u.). Sicherheit ist nicht zu gewinnen. Die Techne des Apollodoros hat C. Valgius Rufus (cos. suff. 12 v. Chr.; bekannt aus Horaz sat. I 10, 82 und der ihm gewidmeten Ode II 9) ins Lateinische übersetzt (ebenfalls nicht erhalten). — Der Ausdruck 'Attizismus' als Charakterisierung eines Sprachstils begegnet uns zum erstenmal bei Cic. ad Att. IV 19, 1 (ironisch gemeint); s. auch u. S. 40.

die wohl in ihrer Zeit eine bedeutende Wirksamkeit entfalteten (mehrere waren auch Leiter von Schulen), deren Bedeutung für die rhetorische Theorie jedoch erst mit der Kanonisierung einsetzte, vielleicht Isokrates und Demosthenes ausgenommen, deren Nachahmung nie ganz aufgehört hat.

Den hervorragendsten Platz neben Isokrates und Demosthenes, zeitlich vor diesen stehend und von vielen als reiner Attiker höher geschätzt, nimmt zweifellos LYSIAS ein. Wenn man bedenkt, daß es neben Xenophon Lysias war, den viele byzantinische Schriftsteller, Prokop eingeschlossen, sich zum Stilmuster nahmen und selbst die neugriechische Schriftsprache von ihm beeinflußt scheint, wird man ungefähr seine Wirkung ermessen können. 233 Reden wurden im Altertum als echt anerkannt; 31, darunter allerdings 5 oder 7 unechte, sind erhalten. An Lysias wird übrigens die wichtige Rolle der ersten Technographen der Rhetorik deutlich, denn er ist wahrscheinlich Schüler des Teisias.

Als „Vollender der griechischen Kunstprosa" bezeichnet Norden (Kunstprosa I 113) den ISOKRATES (436 bis 338). Wohlgemerkt, der Kunstprosa, nicht der der rhetorischen Lehre. Im gleichen Abschnitt aber charakterisiert er des Isokrates Stil als „marmorglatt, aber auch marmorkalt". Über die Hiatvermeidung, die von Isokrates an geradezu Gesetz wurde, war bereits anläßlich der Nennung des Thrasymachos die Rede. Rhythmische Periodisierung ist bei Isokrates selbstverständlich, gute Disposition zumeist erreicht. Starke Worte vermeidet er (griechisch ausgedrückt, τὸ πρέπον war Gebot), so daß man oft den Eindruck hat, er habe auch keine starken Gefühle. Hermogenes nennt seinen Stil, sicher zu hart, πρεσβυτικὸν καὶ διδασκαλικόν ‘senil und lehrhaft’ (Περὶ ἰδεῶν 397 Rabe = 412 Spengel). Seine sehr ausgeprägte rhetorische Eitelkeit verleitete ihn zu dem Glauben, er könne durch schöne, wohlgestaltete Worte zum Handeln mitreißen, wo doch nur leidenschaftliche Worte in seiner leidenschaftlichen Zeit und Umgebung wirken konnten. Ein Lehrbuch, eine τέχνη, hat er vielleicht nicht geschrieben (die Frage ist umstritten), obwohl er natürlich seinen Lehrgängen eine Methode zugrunde gelegt haben muß.

Zunächst schrieb er Prozeßreden für andere. Dann gründete und leitete er eine Rhetorenschule. Die Ausbildung dauerte in regelrechten Kursen drei bis vier Jahre. Redewettkämpfe fanden monatlich statt. Praktische, eingänge Lebensweisheiten waren Hauptgegenstände des allgemeinen Unterrichts. Als Schüler hatte er in seiner 50jährigen Schultätigkeit bedeutende Männer, u. a. den Historiker Ephoros.

Isokrates kann gewissermaßen als Vervollkommner der perioden-
bauenden Kunst des Thrasymachos und der auf Klangmittel ausgehen-
den Kunst des Gorgias gelten, eine Beobachtung, die schon das Altertum gemacht hat[26]. Im Alter, so sagte er (Philippos 27; Panathenaikos
1 ff.), wolle er nicht mehr so starken Gebrauch von Antithesen machen.
Überhaupt ist das Maßvolle bei ihm hervorstechend. Philostratos behauptet (Βίοι σοφιστῶν I 17, 1): „Er hat die Parisa und die Antithesen
und die Homoioteleuta zwar nicht erfunden, aber er hat von diesen
Erfindungen guten Gebrauch gemacht." Er hat also wichtige Gorgiani-
sche Figuren maßvoll — wir müssen wohl verstehen: maßvoller als
Gorgias — verwendet. Ähnlich urteilt Cicero im Orator 176. Auf die
Rhythmisierung legte Isokrates besonderen Wert. Aber nicht mit Hilfe
abgehackter Satzglieder, die Gorgias bevorzugt hatte, sondern durch
dahinrauschende, manchmal auch dahinplätschernde Perioden. Weit
ausschwingend und rhythmisch fließend sollte seine Periode sein.
Cicero hat das ebenso empfunden (or. 39 f., in einer Partie aus Theophrast). Besonders die Satzenden, die Klauseln, klingen in bestimmten
Rhythmen, natürlich unter Vermeidung von Versen. Man hat vor
allem beobachtet den Ditrochaeus (— ∪ — ⊽), den akatalektischen
Dikretikus (— ∪ — — ∪ ⊽) und den katalektischen Dikretikus
(— ∪ — — ⊽): also Klauseln, die auch Cicero bevorzugt. Aber
zu beachten ist: die Klauseln sind nur ein Teil der Rhythmisierung!
Isokrates hat Erstaunliches erreicht: je nach dem Gehalt mußte der
Rhythmus schnell oder verhalten, hart oder weich, scharf anklagend
oder schmeichelnd sein. Wir können das alles heute nicht mehr richtig
heraushören. Zwar spüren wir mit einiger Übung vielleicht noch den
Rhythmus, aber wir vermögen kaum noch seine Wirkung zu empfinden.
Es heißt wohl die Vorgänger unterschätzen, wenn man erst Isokrates die Formulierung der drei Voraussetzungen für den guten Redner
zuschreibt: φύσις (Begabung), παιδεία (Ausbildung) und χρεία,
ἐμπειρία (Übung, Erfahrung). Als ob nicht die Lehrer vor ihm wie alle
Lehrer ihre liebe Not mit unbegabten Schülern gehabt hätten! Und als
ob sie nicht gerade deshalb Schüler angenommen hätten, um die rednerische παιδεία zu vermitteln, und als ob sie die Schüler nicht durch
ständiges Üben traktiert hätten! Natürlich hat auch der Schulmann
Isokrates in seiner langjährigen Tätigkeit die drei Forderungen öfters
formuliert. Es ist also sicher falsch, wenn man in Catos echt römischer
Definition des Redners *vir bonus dicendi peritus* eine Nachwirkung

---

[26] Vgl. Dionysios von Halikarnaß de Isaeo 19. Cic. Or. 174 ff.; auch
Quintilian an verschiedenen Stellen ist zu vergleichen.

jener Banalität sehen will, ohne zu bemerken, daß Cato das Gewicht
auf *vir bonus* legt (d. h. ein *vir bonus*, der des Redens kundig ist), während von einem ἀνὴρ ἀγαθός bei Isokrates nicht die Rede ist. Jeder,
außer den ganz Dummen, sollte doch reden können, und die Lehre, die
Schule gilt als wichtig; Cato dagegen verliert kein Wort darüber, im
Gegenteil meint er wohl mit *peritus* den Mann, der die Erfahrung auf
dem forum Romanum erworben hat, aber bestimmt nicht den durch
die Exerzitien der Schul- oder Studierstube gebildeten Redner.

Isokrates fordert den Vergleich zu DEMOSTHENES geradezu heraus.
Auch jeder, der sich hauptsächlich mit römischer Rhetorik beschäftigt,
wird Demosthenes kennenlernen müssen. Oder könnte man etwa den
'römischen Demosthenes', Cicero, verstehen ohne sein griechisches Vorbild zu kennen? Cicero hat sich selbst als römischer Demosthenes ge-
fühlt — nicht nur seine Verehrer haben ihm diesen Ehrennamen zu-
erkannt, auch seine Gegner, wenn auch scheelsüchtig und ungern, haben
dies zugegeben. In bewußter Nachfolge steht der Titel seiner letzten
großartigen rhetorischen Leistung, seine ›Orationes Philippicae‹ gegen
Antonius, benannt nach den Reden des Demosthenes gegen Philipp von
Makedonien. Es ist keine Frage, daß Demosthenes in erster Linie Politiker und Staatsmann war und sein wollte, auch hierin Cicero vergleichbar. Wenn jemand, dann verkörpert Demosthenes den Glanzpunkt
der attischen Beredsamkeit. Sicher, später erschien er manchen zu glän-
zend, zu artistisch: auch die Auseinandersetzung mit ihm bezeugt seine
Wirksamkeit.

Ganz anders als Platon, der mit der Sophistik auch die sophistische
Rhetorik bekämpfte, steht ARISTOTELES der Rhetorik gegenüber. Er
ist zu sehr Pragmatiker, als daß ihn nicht die theoretischen und praktischen Grundlagen der Rhetorik interessiert hätten. Wie Aristoteles
die Naturwissenschaft, die Politik, die Dichtkunst und überhaupt alle
Gebiete des menschlichen Wissens in seine φιλοσοφία einzubeziehen
suchte, so widmete er auch der Rhetorik eine Schrift, die noch vorhanden ist. Mindestens in dieser Hinsicht ist er glücklicher gewesen als
sein kleinerer Schüler Theophrast, dem doch Cicero so viel historisches
Wissen über die Rhetorik verdankt. Der Größere verdrängte auch hier
die Schriften des Kleineren.

Aristoteles stand in einem verlorenen Jugend-Dialog ›Gryllos‹ wohl
noch auf seiten Platons, ist dann aber auch in der Rhetorik zunächst
der große Sammler gewesen: Er hat eine Zusammenfassung aller Lehrbücher der Rhetorik geschrieben, die bedauerlicherweise verloren ist,
›Συναγωγὴ τεχνῶν‹. Aber er hat sich damit nicht begnügt. Sein eigenes
Lehrbuch durchdringt den Stoff logisch und vertieft ihn. Aristoteles'

Buch ist das wichtigste des Altertums zu diesem Gegenstand. Jahrhunderte haben sich daran geschult, vielfach mit Hilfe einer lateinischen Übersetzung. Die Entstehung des Werkes zeigt des Aristoteles auch sonst bekannte Arbeitsweise: Zuerst sammelt er (oder läßt sammeln) das Vorhandene und stellt es zusammen. Erst nach dem Feststellen und Festhalten des Existierenden verarbeitet er dies geistig und läßt daraus sein eigenes Denkgebäude erwachsen, in unserem Falle die drei Bücher ›Τέχνη ῥητορική‹. (Vergleichbar ist die Sammlung der Verfassungen, von denen die zufällig erhaltene ›Ἀθηναίων πολιτεία‹ nur ein Stück ist, um daraus die beste Form des Staates zu ermitteln. Wie anders entstand Platons Werk vom Staat!)

Aristoteles ist jedoch nicht nur der große Sammler, sondern auch der eher noch größere Logiker und Systematiker. „Aristoteles dagegen", sagt Goethe in der ›Geschichte der Farbenlehre‹, „steht zu der Welt wie ein Mann, ein baumeisterlicher. Er erkundigt sich nach dem Boden, aber nicht weiter, als bis er Grund findet. Von da bis zum Mittelpunkt der Erde ist ihm das übrige gleichgültig. Er umzieht einen ungeheuren Grundkreis für sein Gebäude, schafft Materialien von allen Seiten her, ordnet sie, schichtet sie auf und steigt so in regelmäßiger Form pyramidenartig in die Höhe, wenn Plato, einem Obelisken, ja einer spitzen Flamme gleich, den Himmel sucht." Oder, so könnte man auch sagen, nicht von der Idee her — moderner ausgedrückt, von der Ideologie her — will Aristoteles die Wirklichkeit verändern, sondern er rechnet und baut mit dem gegebenen Material und dem So-Sein der Menschen.

Bezeichnend für Aristoteles' Auffassung von der Redekunst ist der erste Satz seiner Rhetorik: ἡ ῥητορική ἐστιν ἀντίστροφος τῇ διαλεκτικῇ, 'Die Rhetorik ist ein Seitenstück zur Dialektik'. Zu Beginn des zweiten Kapitels faßt er die vorangehenden Erörterungen zusammen: „Es ist also die Rhetorik das Vermögen, für jeden einzelnen Fall das in ihm liegende Überzeugende zu erkennen." An dieser Definition sieht man deutlich die Verwandtschaft zur Dialektik, denn sie könnte auch für diese gelten.

Nach den Umständen, in denen sich die Rhetorik bewegen muß, teilt sie Aristoteles, basierend auf seinen Vorgängern, in drei, im Grunde noch heute gültige Gattungen ein. Rhet. I 3, 3, 1358 b: „Also gibt es notwendigerweise drei Gattungen von Reden: die deliberative, die gerichtliche und die epideiktische Gattung." Lateinisch ausgedrückt bei Quintil. III 3, 14: *partes enim rhetorices esse dicebant* (nämlich die alten Theoretiker) *laudativam* (d. i. ἐπιδεικτικὸν γένος), *deliberativam* (d. i. συμβουλευτικὸν γένος), *iudicialem* (δικανικὸν γένος). Das γένος συμβουλευτικόν, *genus deliberativum*, rät überlegend zu etwas zu oder von etwas ab, z. B. wenn in der Volksversammlung die Entscheidung zwischen verschiedenen Möglichkeiten besteht, wird das Für und Wider abgewogen und eine der Möglichkeiten empfohlen. Es geht also in die Zukunft. (Auch die Zeitstufen-Feststellung stammt von Aristoteles.) Das γένος δικανικόν, *genus iudiciale*, hat als Funktion Anklage oder Verteidigung vor Gericht, also die Frage, ob etwas Strafbares geschehen ist oder nicht, ob NN der Täter war oder nicht. Es geht also in die Vergangenheit. Das γένος ἐπιδεικτικόν, *genus demonstrativum*, umfaßt insbesondere die Festrede, die *laudatio* auf eine zu feiernde Person; auch die *laudatio* auf eine juristische Person oder auf eine Institution. Es geht also in die Gegenwart (vgl. V. Buchheit, s. Lit.). Die drei γένη, *genera*, sind je wieder zerlegt in einen positiven und einen negativen Bereich, d. h. bei der Gerichtsrede in Anklage und Verteidigung, bei der deliberativen Rede in Warnung und Empfehlung, bei der laudativen in Preis und Tadel. Ethisch spielen die Bereiche der Gerechtigkeit, des Nutzens und der Ehre mit herein.

Wie die meisten der erhaltenen Schriften des Aristoteles ist auch sein Rhetorik-Buch kompliziert im Aufbau. Im großen und ganzen ist das Werk gegliedert nach den rednerischen Tätigkeiten, ἔργα, *officia*. Buch I und II handeln von der εὕρεσις, *inventio*, d. i. der Auffindung des Stoffes bzw. der Argumentationsgründe, Buch III handelt von der λέξις (auch φράσις, ἑρμηνεία: vgl. S. 39), *elocutio*, was wir etwa mit 'Stil' bezeichnen würden; es geht also um die Formulierung der Gedanken, die die *inventio* beigeschafft hatte; den Abschluß bildet, ebenfalls noch im III. Buch, die τάξις, *dispositio*, d. h. die Gliederung der gefundenen Gedanken und Formulierungen [27]. Es ist selbstverständlich, daß in der Praxis die Teile ineinander greifen. So wird bei der inventio bereits von selbst eine Vorsortierung vorgenommen, denn der Redner muß sich, um weiteres Material zu finden, auf bestimmte Komplexe konzentrieren. Die dispositio ist ziemlich unglücklich an den Schluß gerückt. Es mag wohl sein, daß einzelne Gedanken bereits formuliert vorliegen können, daß also gefundenes Material sofort sprachlich geformt werden kann, aber um eine Rede als ein Ganzes hervorzubrin-

---

[27] Diesen 3 rednerischen ἔργα werden später noch μνήμη, *memoria*, d. h. das Auswendiglernen (s. u. Theodektes, S. 39) und ὑπόκρισις, *pronuntiatio* oder *actio*, der Vortrag (vielleicht durch Theophrast) hinzugefügt, obwohl sie natürlich praktisch längst geübt werden mußten, denn ein wesentlicher Teil der Rede ist der Vortrag, und in der Antike wurde üblicherweise auswendig gesprochen. Es ist bezeichnend für Aristoteles, daß ihn diese nur praktischen Dinge nicht interessieren.

gen, dazu bedarf es der vorherigen geistigen Umfassung und Durchdringung, also einer gewissen Gliederung und Ordnung. Erst recht ist
der möglichst nahtlose Übergang der Einzelteile nur möglich, wenn sich
die sprachlichen Formulierungen auseinander ergeben. Man mag als
Redner, je nach Veranlagung, die logische oder die assoziative Gedankenführung bevorzugen, die Gedankenführung muß im groben
bereits vor der Formulierung klar sein. Die ›Rhetorik‹ des Aristoteles
ist eine rein theoretische Lehrschrift; sie ist nicht, wie die Schriften
Platons, in Dialogform geschrieben. (Zwar hat Aristoteles ebenfalls
Dialoge geschrieben, wie wir wissen. Die aristotelische Dialogform hat
Werner Jäger mit Recht „wissenschaftlichen Diskussionsdialog" genannt, also ein Wechselgespräch, das nur noch zum Schein ein Dialog
ist, in dem aber die Gegner in Wirklichkeit monologisieren, eine Form,
die wir vor allem aus Cicero und aus Tacitus' ›Dialogus de oratoribus‹
kennen.)

Wie sehr Aristoteles letzten Endes doch der Praxis fernsteht oder,
anders ausgedrückt, wie er versucht, jenes ethische Dilemma aller Rhetorik, von dem schon die Rede war, zu lösen — gemeint ist die Frage:
Behindert nicht die Redekunst, die δύναμις τῶν λόγων, die Wahrheits-
findung und fällt sie nicht der Gerechtigkeit in den Arm? —, das zeigt
am besten seine Behauptung (Rhet. I 1, 4 ff., 1354 a), unwesentlich sei
das Hervorrufen von Affekten, was in wohlgeordneten Staaten durch
Gesetze Klägern und Beklagten geradezu verboten sei. Wir wissen, daß
sich Aristoteles damit nicht durchsetzte, ja nicht durchsetzen konnte. In
Athen und später selbst in Rom war der laienrichterlichen Entscheidung großer Spielraum gegeben. Und auch in einem modernen Staat
gibt es gute und schlechte Anwälte, auch in bezug auf die angewandte
Rhetorik, obwohl doch im neuzeitlichen Recht (nur die Gerichtsrede
meint hier Aristoteles) alles möglichst detailliert reglementiert ist, eine
Forderung, die schon Aristoteles aufstellt mit der interessanten Begründung: Gute Gesetze sollten der Entscheidung des Richters möglichst
wenig anheim geben, 1. weil es leichter sei, einen oder wenige Einsichtige
zu finden (nämlich den Gesetzgeber) als viele; 2. weil der Gesetzgeber
von langer Hand und nicht aus dem Stegreif urteile; 3. weil das Gesetz
auf Künftiges gehe, nicht auf Gegenwärtiges, wo sich Haß und Zunei-
gung einmischen. Wir dürfen annehmen, daß Aristoteles an unseren Gesetzen seine Freude hätte, falls er nicht deren Auswirkungen sehen
müßte. Dem genannten ethischen Dilemma versucht Aristoteles auch
mit dem Hinweis beizukommen (Rhet. I 1, 13, 1355 b), daß alles bei
ungerechtem Gebrauch Schaden stiften könne, mit alleiniger Ausnahme
der 'Tugend', der ἀρετή. Daß diese Antwort nicht befriedigen kann,

zeigt sich schon daran, daß die Frage später immer wieder aufgegriffen wird.

Aufgabe der Rhetorik, und das ist typisch Aristotelisch, sei es nicht, so fährt er kurz darauf (§ 14) fort, Mittel zum Überreden an die Hand zu geben, sondern das zu sehen (oder zu ermitteln, ἰδεῖν), was in einer speziellen Sache an Glaubhaftem (πιθανά) vorhanden sei. Diese πιθανά werden in kunstvolle (ἔντεχνοι) und kunstlose (ἄτεχνοι) Beweise (πίστεις) geschieden; erstere werden neu geschaffen, letztere nur benützt, wie Zeugenaussagen, Urkunden usw. (I 2, 2, 1355 b). Zu den kunstvollen gehören auch jene, die darauf abzielen, den Charakter des Redners in günstiges Licht zu stellen, sowie diejenigen, die bei den Zuhörern eine bestimmte Stimmung, πάθος, hervorrufen. Hier kommt die anfangs so abgelehnte Erregung der Affekte plötzlich, wenn auch nur teilweise, ins Spiel. Der offenbaren Tatsache, wie wichtig diese ist, kann sich keine Theorie ganz verschließen.

Von seiner Grundüberzeugung ausgehend, daß die Beredsamkeit (er hat hier die gerichtliche im Blick) nur darzulegen habe, was ist, bilden für Aristoteles den eigentlichen Gegenstand der Rhetorik die Überzeugungsmittel, die, wieder seiner Auffassung entsprechend, zugleich Beweismittel sind (Rhet. I 1, 10 ff., 1355 a—b). Aristoteles unterscheidet zwischen Überzeugungsmitteln (πίστεις) und Beweis (ἀπόδειξις), während sonst der Beweis nicht von den Überzeugungsmitteln unterschieden zu werden pflegt und infolgedessen meist unterschiedslos πίστις oder ἀπόδειξις, lat. *probatio* oder *argumentatio*, heißt. Als rhetorisches Überzeugungsmittel gilt vornehmlich das Enthymem. Das ist ein rednerischer Schluß, üblicherweise ein verkürzter Syllogismus, bzw. man kann die Schlüsse sämtlich auf Syllogismen zurückführen. (Beispiel: Sokrates ist sterblich: Alle Menschen sind sterblich. Sokrates ist ein Mensch. Also ist Sokrates sterblich: *quod erat demonstrandum*. Ein verkürzter Syllogismus wäre z. B.: Da alle Menschen sterblich sind, ist auch Sokrates sterblich.) Bei Quintilian V 10, 1 ff., im Kapitel ›De argumentis‹, steht einiges über Syllogismus und Enthymem[28]. Der vollständige Syllogismus wird rhetorisch auch Epicheirem, ἐπιχείρημα, eigentlich 'Angriff', daher lat. *adgressio*, genannt. Die Quintilian-Stelle zeigt außerdem, daß scharfe Unterscheidungen nicht durchgängig anerkannt waren. „Was nun die Beweise betrifft", so heißt es bei Aristoteles Rhet. I 2, 8, 1356 a, „die wirklichen

---

[28] Das Wort ἐνθύμημα kommt von ἐν-θυμεῖσθαι (ἐν + θυμός) und wird so erklärt, daß sich der Hörer oder Leser das Fehlende im θυμός denken müsse.

(oder einleuchtenden) und die scheinbaren, so ist es damit wie in der Dialektik: sie sind entweder Induktion (ἐπαγωγή) oder Syllogismus oder scheinbarer Syllogismus; denn das Beispiel ist Induktion und das Enthymem ein Syllogismus. Ich nenne aber Enthymem einen rhetorischen Syllogismus, Beispiel eine rhetorische Induktion. Alle (Redner) bilden ihre Überzeugungsmittel (πίστεις) dadurch, daß sie entweder Beispiele oder Enthymeme beweisend vorbringen; das ist alles." Dafür, daß ihm rhetorische Schlüsse und Beweise identisch mit dialektischen sind, kann Aristoteles auf seine logischen bzw. dialektischen Vorlesungen verweisen (›Analytica priora‹ und ›Analytica posteriora‹; ›Topik‹)[29].

Die Wichtigkeit des Wahrscheinlichen (εἰκός) hat auch Aristoteles eingesehen. Nur hat er den logischen, nicht den überredenden Grund gesucht. „Das Enthymem", sagt er I 2, 14 ff., 1357 a, „wird gebildet aus Wahrscheinlichem und aus Indizien (ἐξ εἰκότων καὶ σημείων)." Nun folgt eine kurze Polemik, wohl gegen Korax und gegen Sophisten, die das Wahrscheinliche für schlechthin gültig definierten; Aristoteles dagegen macht die Einschränkung, daß es nur gelte, wenn es sich verhalte wie der Teil zum Ganzen, oder wie man auch sagen könnte, das Besondere zum Allgemeinen. Drei Dinge brauche der Redner, heißt es I 2, 7, 1356 a: das Vermögen, Schlüsse zu ziehen, die Charaktere und das Gute (τὰς ἀρετάς) zu erkennen und drittens die Natur der Affekte zu erkennen. Man sieht deutlich, daß es Aristoteles auf die theoretische Grundlegung und die saubere methodische Durcharbeitung ankommt. Dasselbe könnte in einer Dialektik stehen: Die Verwandtschaft beider hat er ja schon im ersten Satz der Rhetorik betont.

Aristoteles unterscheidet im III. Buch, 13, 3 f., 1414 a vier Teile der Rede. Prooimion, Prothesis (πρόθεσις, d. h. behauptende Feststellung der Tatsachen), Pistis (Beweis) und schließlich Epilogos. Als notwendig für alle Reden erachtet er nur Prothesis und Pistis. In diesem Zusammenhang polemisiert er heftig gegen andere Auffassungen oder Einteilungen. Es läßt sich herauslesen, daß Vorgänger erhebliche Untertei-

---

[29] Wir können hier nicht den ganzen historischen Ballast über die angebliche Statthaftigkeit oder Unstatthaftigkeit des Induktionsbeweises ausbreiten. In der Logik ist der Induktionsbeweis der Schluß vom Besondern auf das Allgemeine. (Strenge Logiker lehnen ihn ab: Dadurch, daß alle Menschen bisher gestorben sind, ist noch nicht bewiesen, daß alle Menschen sterblich sind. John Stuart Mill [1806—1873] suchte zu zeigen, daß die ständige Erfahrung ausreiche, zumal der Schluß eigentlich nur vom Besonderen auf das Besondere gehe.) In der Wissenschaft ist Induktion das Verfahren, von empirischen Aussagen zu allgemein gültigen zu kommen. Gegensatz: Deduktion.

lungen vorgenommen hatten — da ist die Rede von 'entgegenstellender Vergleichung', 'Rekapitulation' usw. —; Aristoteles beschränkt sich auf das Grundsätzliche und allgemein Gültige. Hier, wo es nicht um logische und dialektische Unterscheidungen geht, frönt er nicht seinem vor allem in den ersten beiden Büchern spürbaren Hang zum Einteilen und Rubrizieren. Doch ist in allen Erörterungen Aristoteles' nicht nur ein logischer und analytischer Impuls zu fühlen, sondern auch eine leidenschaftliche Ethik.

Die Lehre, die vor der τάξις im III. Buch behandelt wird, befaßt sich mit der äußeren Form der Rede. Aristoteles spricht es nicht aus, aber einen sehr hohen Rang erkennt er der äußeren Form offensichtlich nicht zu. Die wichtigsten Forderungen sind: Die Tugend (ἀρετή [lat. *virtus*]) der Rede bestehe darin, deutlich (σαφής; Subst. σαφήνεια [*perspicuitas*]) und angemessen (πρέπουσα; Subst. τὸ πρέπον [*aptum, decens, decorum, conveniens, accommodatum*]) zu sein. Ersteres ergibt sich, um verstanden zu werden, von selbst, letzteres bedeutet, daß die Rede weder niedrig (ταπεινός [*humilis*]) noch über Gebühr erhaben sein darf (ὑπὲρ τὸ ἀξίωμα). Die Poesie darf höher greifen als die Prosa, die sich des erhabenen Ausdrucks nur mit großer Vorsicht bedienen soll (III 2, 1, 1404 b)[30].

Verhältnismäßig ausführlich wird die Metapher behandelt. Hier finden sich die deutlichsten Unterschiede zur Poesie, weshalb Aristoteles auch häufig auf seine Poetik verweist. Grundregel ist auch hier das Angemessene. Was in der Poesie angängig ist, kann in der Prosa lächerlich wirken. Aristoteles nähert sich in der Behandlung der Metapher mehr dem modernen Geschmack als etwa dem des vorigen Jahrhunderts. Er empfiehlt Euripides, der später auch von Ps.-Longin (40, 2 ff.) und auch Quintilian gerühmt wird, von diesem ausdrücklich im Unterschied zu Sophokles (X 1, 67—69). Was für die Metaphern gilt, gilt auch für Beiwörter, und überhaupt für alle Wortarten. Immer wieder erscheint die Mahnung, das rechte Maß zu beachten, z. B. bei Deminutiven, die recht hübsch sein können, aber leicht lächerlich wirken.

Schiefe oder hochgestochene Metaphern und unangemessene Beiwörter, also häufiger und daher abgeschliffener Gebrauch von Beiwörtern und ähnliches faßt Aristoteles unter dem Begriff des 'Frostigen' (ψυχρόν) zusammen.

---

[30] Hier erkennen wir bereits den Ansatz zu der später so bedeutsamen Lehre von den genera elocutionis: *genus humile*, *genus medium* oder *mediocre*, *genus grande* oder *grave*. In der mittelalterlichen Rota Vergilii entsprechen die drei Stilarten den drei Hauptwerken Vergils, Bucolica, Georgica, Aeneis.

Auch vom Gleichnis bzw. vom Vergleich ist die Rede. Der bereits zitierte bekannte Beispielsatz Quintilians „wie ein Löwe ist ein Vergleich, er war ein Löwe eine Metapher" steht ähnlich schon bei Aristoteles: „Heißt es von Achilles, 'wie ein Löwe sprang er auf ihn', ist das ein Vergleich, dagegen, 'ein Löwe sprang auf ihn' ist eine Metapher."

Den Abschnitt über den Rhythmus (III 8, 1408 b) beginnt Aristoteles mit der Forderung τὸ δὲ σχῆμα τῆς λέξεως δεῖ μήτε ἔμμετρον εἶναι μήτε ἄρρυθμον, 'die Form des sprachlichen Ausdrucks darf weder metrisch sein noch unrhythmisch'. Auch der Rhythmus darf sich aber nur bis zu einem gewissen Grade fühlbar machen — auch hier die Warnung vor Übertreibung. Am meisten empfiehlt Aristoteles den Paian, und zwar in den Formen — ᴗ ᴗ ᴗ und ᴗ ᴗ ᴗ ᴗ. Cicero schreibt im Orator § 218: *est quidem (paean), ut inter omnes constat antiquos, Aristotelem, Theophrastum, Theodectem, Ephorum, unus aptissimus orationi vel orienti vel mediae; putant illi etiam cadenti, quo loco mihi videtur aptior creticus,* 'der Paean ist, wie unter allen Alten, Aristoteles, Theophrastus, Theodectes, Ephorus, feststeht, der einzig am meisten geeignete für Beginn oder Mitte der Rede (gemeint: der Perioden); jene meinen auch für den Ausgang (die Klausel), an welcher Stelle mir der Creticus (— ᴗ ᴗ) geeigneter erscheint'. Weiter läßt sich Aristoteles nicht über den Rhythmus aus. Wenn man an Ciceros entsprechende Abschnitte denkt, sowohl im Orator (§ 212 ff.) als in De oratore (III 193), wo er eine Vielzahl von Rhythmen bespricht, so ermißt man den Unterschied zwischen der Rhetorik des Aristoteles und den beiden Schriften Ciceros. (Der Römer beruft sich ausdrücklich auf Aristoteles, aber er wahrt unter Einarbeitung fremden Gutes seine Selbständigkeit.) Bezüglich der Darstellung fordert Aristoteles (III, 9, 1 ff., 1409 a), die Rede dürfe nicht aus fortlaufenden, nur durch Konjunktionen verbundenen Sätzen bestehen, sondern müsse in Perioden (περί-οδος) gegliedert sein. Diese seien angenehm wegen ihrer Abgeschlossenheit und leichter faßlich, da sie besser im Gedächtnis festgehalten werden könnten. Die Periode solle folglich auch gedanklich abgeschlossen sein, nicht zerhackt. Sie könne gegliedert sein oder einfach. Weder die Perioden noch die Glieder dürften kurz wie Mäuseschwänze (μύουροι) oder zu lang sein.

Aristoteles erwähnt dann (III 9, 7 ff., 1409 b) beigeordnete und entgegengesetzte Glieder. Er empfiehlt (§ 8) nachdrücklich diese Darstellung in Antithesen. Er streift die Parisosis, spricht über bildliche Ausdrücke, Witzworte, Veranschaulichung durch Gleichnisse, Sprichwörter usw. Alles in allem eine unvollständige Lehre über den Redeschmuck. Aristoteles ist eben kein praktischer Redner und kein Redenschreiber.

Eher sind ihm diese äußeren Dinge etwas lästig. Eines muß man allerdings wohl bedenken: Aristoteles konnte nicht wie der auf praktische Brauchbarkeit mehr bedachte Cicero aus dem Schatz von Vorgängern viele Anregungen ziehen. Auch ist Aristoteles hier nicht auf seinem Gebiet; es lohnt wohl für ihn auch nicht der Mühe, auf den reinen Schmuck der Rede, der nichts für den Inhalt ausgibt, die hohe Kunst der dialektischen Analyse anzuwenden. Wenn man sich daran erinnert, daß er gleich zu Anfang der Rhetorik die Erregung der Affekte bekämpft, so wundert man sich beinahe, daß er überhaupt den äußeren Stilmitteln so viel von seinem Werke gewidmet hat: Das ist die wichtigste Konzession an die Praxis, und das macht die Rhetorik erst dazu, nicht nur als Dialektik angesehen zu werden.

Aristoteles hat noch andere Werke zur Rhetorik verfaßt (die Ausgaben siehe das Literaturverzeichnis). Von dem verlorenen Dialog ›Gryllos‹ war bereits die Rede, auch von der verlorenen Übersicht über die älteren Handbücher (die Fragmente bei Rose 68 f., 125—141). Außerdem hat er aus dem Nachlaß seines Schülers Theodektes ein, ebenfalls verlorenes, Handbuch herausgegeben. Man nimmt an, daß in seiner eigenen Rhetorik manches von diesem Handbuch steckt, oder umgekehrt, daß dieses Handbuch auf Aristoteles' Rhetorik-Vorlesung zurückging. Unecht dagegen ist die ebenfalls unter Aristoteles' Namen überlieferte ›'Ρητορικὴ πρὸς 'Αλέξανδρον‹, ›Rhetorik an Alexander‹. Sie ist zwar wohl ebenfalls aus dem vierten Jahrhundert und wurde von Wendland, was lange als unbestreibar galt, dem ebenfalls dieser Zeit zugehörigen Anaximenes von Lampsakos zugeschrieben. Man ist jetzt dieser Sache nicht mehr ganz so sicher. Interessant ist diese Rhetorik nur, weil sie die sophistische Rhetorik offensichtlich besser bewahrt als Aristoteles. Beinahe notwendigerweise steht sie also der Praxis näher.

Dagegen gehört die erhaltene 'Topik' (Τὰ τοπικά) zu den logischen Schriften. Ebenso die ›Sophistischen Beweise‹ (Περὶ σοφιστικῶν ἐλέγχων), die zugleich das IX. Buch der 'Topik' bilden und diesen Titel nur als Sondertitel führen. Selbstverständlich bestehen Berührungspunkte mit der 'Rhetorik', denn die 'Topik' enthält die eigentliche Dialektik, die Kunst des Disputierens, wobei den Wahrscheinlichkeitsbeweisen — nicht den exakten Beweisen — das Hauptgewicht beigemessen wird. Der lateinische Ausdruck für τόποι ist *loci communes* 'Gemeinplätze': allgemeine Gesichtspunkte, allgemeine Argumente, die von grundsätzlicher, immer wiederkehrender Bedeutung sind. (Die alte Übersetzung 'Fundorte' ist mißverständlich.) Es geht um philosophische Argumente, nicht um rhetorische, um Hilfe für die wissenschaftliche Diskussion, nicht für die Rede an sich. Selbstverständlich kann die Rhe-

torik der Logik nicht entraten, aber worauf es Aristoteles in der 'Topik'
ankommt, sind nicht die Mittel, durch die man die Richter oder die
Volksversammlung überzeugen kann, sondern sein Bestreben ist, Ordnung in die Diskussionen zu bringen, d. h. die Schlüsse in ihrer logischen Folge und ihrem tatsächlichen Gewicht aufzuzeigen. Das
IX. Buch bringt dann als Folie dazu das unwissenschaftliche, von Aristoteles verdammte Verfahren: „Von den sophistischen Beweisen und
von solchen, welche zwar Beweise scheinen, aber Trugschlüsse sind und
keine wirklichen Beweise . . .", 164 a. Nebenbei: der verächtliche Gebrauch des Begriffes 'sophistischer Beweis' tritt hier deutlich zutage.

Selbstverständlich haben des Aristoteles Schüler und Nachfolger das
Werk ihres Meisters interpretierend weitergeführt und Einzelheiten
ergänzt. In erster Linie ist da an THEOPHRAST zu erinnern. Dieser hat,
wie aus der Überlieferung hervorgeht, das Werk des Aristoteles auch
nach der historischen Seite fortgesetzt; die Geschichte der Beredsamkeit
hatte Aristoteles selbst kaum gestreift. Doch des Theophrast rhetorische Werke sind verloren; ebenso die Bücher anderer Aristoteliker.
Man braucht nur in die den Fragmenten der nacharistotelischen Philosophen gewidmeten Faszikel des von Fritz Wehrli herausgegebenen
Werkes ›Die Schule des Aristoteles‹ (s. Lit.) zu sehen, so wird man
entdecken, daß bei vielen Nacharistotelikern auch über die Rhetorik
Fragmente zu finden sind — und das bei dem geringen Bestand an
Überresten. Daneben stehen auch Reflexionen über den Rangstreit
zwischen Rhetorik und Philosophie: bei Ariston dem Jüngeren, Diodoros von Tyros, Kritolaos.

Überhaupt ist der PERIPATOS, den Spuren des Meisters folgend, in
der Rhetorik führend geblieben. Die AKADEMIE dagegen hatte weniger
Interesse an der Rhetorik, auch sie in der Nachfolge ihres Begründers
Platon. Auch die EPIKUREER scheinen sich kaum mit diesem Gegenstand
beschäftigt zu haben; das hängt mit ihrer Haltung den Fragen der
Welt gegenüber zusammen.

Dagegen hat man früher vielleicht den Anteil der STOIKER an der
Ausbildung der Rhetorik zu gering veranschlagt. Das lag allerdings
nahe, wenn man an die schon im Altertum beklagte und auch heute
noch erkennbare absichtliche Kunstlosigkeit und Nüchternheit vor
allem der Schriften der älteren Stoiker denkt. Ihr Bestreben war Kürze
und Präzision. Doch mit diesem Bestreben mußte beinahe notwendig
der Wunsch nach einer sicheren Terminologie zusammentreffen. Hier
hat die Stoa in der Tat beachtliches geleistet — auch der Rhetorik kam
das zugute, wenn auch ihr Interesse an der Rhetorik sich zunächst an
der rigorosen ethischen Durchdringung mit der Hervorhebung des

Wahrheitsgehaltes der Rede entzündete. Die späteren Stoiker verfeinerten und bauten die Lehre von dem Redeschmuck aus, besonders die Lehre von den Tropen scheint recht eigentlich ihnen ihre systematische Gliederung zu verdanken. Was die Stoiker sonst für die Sprache leisteten, gehört weniger direkt zur Rhetorik, sondern zur Sprachphilosophie (so war Chrysipp im Gegensatz zu den alexandrinischen Analogisten überzeugt von der Anomalie der Sprache und Sprachentwicklung) oder zur Grammatik, indem auf Sprachkorrektheit größter Wert gelegt wurde.

In mißlichem Gegensatz zu der Bedeutung der Rhetorik, die das Geistesleben und die Schulbildung des Hellenismus durchdringt, steht die Überlieferung. Nur wenige Gestalten treten plastisch hervor: Nennen wir, um mit einem Zeitgenossen des Aristoteles und Schüler des Isokrates den Anfang zu machen, den Begründer des Systems der Mnemotechnik, Theodektes. (Er ist auch als Tragiker hervorgetreten [nur wenige Fragmente bekannt].) Er baute ein hauptsächlich auf visueller Assoziation beruhendes System auf (allgemeine τόποι, *loci*, sind fest einzuprägen, in die die εἴδωλα, *imagines*, d. h. die Punkte des Einzelfalles, eingesetzt werden; darüber vgl. Auct. ad Her. III 16, 28 ff.)[31]. Von ihm selbst ist nichts erhalten, seine Technik aber wirkte bis in die Neuzeit weiter. Vor allem im Altertum, in dem man die Reden auswendig zu halten pflegte, war das Memorieren wesentlich. (Zu den ἔργα des Redners s. o. S. 31 mit Anm. 27.)

Nur eine einzige, jedoch mehr ästhetisch als technisch interessierte rhetorische Schrift aus den Jahrhunderten des sog. Hellenismus und noch bis in die römische Kaiserzeit hinein ist erhalten: ›Περὶ ἑρμηνείας‹ ('Stil': s. o. S. 31). Sie läuft unter dem Namen des Peripatetikers Demetrios von Phaleron (um 350 bis 280); doch ist sie kaum von ihm selbst, wenn sie auch nur wenig jünger sein dürfte.

Wie auf vielen anderen Gebieten, so treten in der Zeit des Hellenismus auch in der Rhetorik die kleinasiatischen, kulturell griechischen Küstenlandschaften stärker hervor, das verarmende Mutterland an geistiger Kapazität übertreffend. Die Rhetorik fand außer auf dem kleinasiatischen Festland besonders auf Rhodos eine Heimstatt, die selbst noch Caesar und Cicero aufsuchten, um Apollonios Molon[32]

---

[31] Zur antiken Mnemotechnik vgl. H. Blum, Die antike Mnemotechnik, Diss. Tübingen 1964 = Spudasmata 15.

[32] Die hohe Wertschätzung, die die rhodische Schule und Apollonios Molon (eigentlich Apollonios, Sohn des Molon) genossen, erhellt auch daraus, daß dieser als rhodischer Gesandter im Jahre 81 vor dem römischen

zu hören. Auch Tiberius erhielt in Rhodos Rhetorikunterricht, und zwar bei THEODOROS VON GADARA. Die rhodische Schule, etwa im Jahre 120 v. Chr. von APOLLONIOS VON ALABANDA (in Karien) begründet — M. Antonius hörte ihn —, pflegte einen sentenziös zugespitzten, sich auf den Attiker Hypereides berufenden Stil. Anders die Rhetorik, die besonders auf dem kleinasiatischen Festland gepflegt wurde, das berüchtigt wurde durch manierierten Schwulst (*genus orationis Asiaticum*, Cic. Brut. 325). Gegen den sogenannten Asianismus (der allerdings im Gegensatz zum Attizismus kein Stilprogramm war) erhob sich der Attizismus, der auf die älteren Muster zurückgriff (s. o. S. 26 mit Anm. 25) und der vom 2. Jahrhundert v. Chr. an wirksam war, seinen ersten Höhepunkt um den Beginn unserer Zeitrechnung und den zweiten im 2. Jahrhundert n. Chr. in der sog. Zweiten Sophistik erlebte.

Zum älteren Asianismus zählt HEGESIAS von Magnesia am Sipylos (4./3. Jahrhundert v. Chr.). Es ist Auffassungssache: Hegesias durfte sich mit seinen Wortspielen, übertriebenen Metaphern, sogar mit seinen kurzen, durchrhythmisierten Kommata durchaus als Fortsetzer der künstlerischen Beredsamkeit fühlen, während er späteren Attizisten als Verderber klassischer Sprachreinheit erschien.

Von wirklich überragender Bedeutung ist HERMAGORAS aus Temnos (2. Jahrhundert v. Chr.). Seine 6 Bücher über Rhetorik waren zwar „staubtrocken" (Tac. dial. 19, 3. vgl. Cic. Brut. 263), wurden aber wegen ihrer übersichtlichen, klaren Anordnung das grundlegende Buch des rhetorischen Unterrichts in der römischen Republik. (Das Werk ist verloren, wird aber aus Auct. ad Her., Cic. de inv. und besonders aus Quintilian noch deutlich.) Das Hauptaugenmerk des Hermagoras galt der juristischen Beredsamkeit — er verfeinerte und vervollständigte zu einem komplizierten System die θέσις- (*quaestio infinita* oder *generalis*) -Lehre (zugrunde liegender allgemeiner Rechtsfall) und die στάσις- (*constitutio, status)*-Lehre (mögliche Fragestellungen: d. h. 1. ist die Tat geschehen [στοχασμός, *coniectura*], 2. Definition [ὅρος, *constitutio definita*; z. B. Mord oder Totschlag], 3. ethische Beurteilung [ποιότης, *constitutio generalis*; darunter fallen zum Beispiel Notstand, Befehlsnotstand, mildernde Umstände], 4. Einwände gegen das Gericht [μετάληψις, *constitutio translativa*; z. B. Unzuständigkeit, Befangenheit]).

Senat als erster ohne Dolmetscher sprechen durfte; zugleich geht daraus auch die Allgemeinheit der griechischen Bildung bei den führenden Männern Roms hervor.

Nichts könnte deutlicher die Verschmelzung griechischer und römischer Rhetorik beleuchten als die Tatsache, daß viele und bedeutende Römer in Griechenland zu Studienaufenthalten weilten und daß die Werke griechischer Rhetoren aus römischen Bearbeitungen sichtbar werden. Eine genaue Trennung der spätrepublikanischen und vor allem der kaiserzeitlichen Rhetorik in einen griechischen und einen römischen Bereich läßt sich allenfalls nach der Sprache vollziehen, in der die einzelnen Rhetoren wirkten (und selbst dies wird angesichts der Tatsache, daß 'man' in Rom griechisch konnte, beinahe auf eine quantité négligeable reduziert), keinesfalls aber trennen die beiden Sprachbereiche geistige Prinzipien. Mit einem kleinen wesentlichen, sich in der Person Ciceros verkörpernden Unterschied. Bei den Griechen kommt der Streit der Rhetoren und Philosophen nicht zur Ruhe. Während z. B. der als epikureischer Philosoph (Papyri aus Herkulaneum) und vor allem als Epigrammatiker bekannte PHILODEMOS aus Gadara (südöstlich des Sees Genezareth; kommt in den 70er Jahren des 1. Jahrhunderts v. Chr. nach Unteritalien) die Rhetorik geradezu als nutzlos erklärte, wenigstens für einen philosophischen Menschen, stand der eben genannte Lehrer Ciceros, Apollonios von Alabanda, der Philosophie feindlich gegenüber (Cic. de or. I 75). In Cicero sind die beiden Lebensformen vereinigt. Der Streit der Philosophen und Rhetoren wird in Rom nicht so laut, aber die von Cicero erstrebte und wenigstens zum Teil erreichte Synthese blieb auf ihn beschränkt.

Im Bewußtsein blieb die Verbindung zwischen griechischer und römischer Kultur, speziell griechischer und römischer Rhetorik. Quintilian war der erste staatlich besoldete Professor in Rom, und zwar für Rhetorik. In Athen stiftete Hadrian oder Marc Aurel zwei mit ansehnlichem Gehalt ausgestattete Professuren für Rhetorik, deren eine P. Hordeonius LOLLIANUS von Ephesos, der der bereits erwähnten Zweiten Sophistik angehört (nur Fragmente erhalten), oder sein Schüler THEODOTOS erhielt. Man kann also die Geschichte der römischen Rhetorik nicht gesondert behandeln. Man kann aber auch nicht so tun, als gehe die griechische Kultur, in unserem Fall die Rhetorik, gradlinig weiter; dazu weiß man heute zuviel von der Attraktion der Macht, die trotz allen Stolzes der Unterworfenen ihren Einfluß ausübt. Oder ist es, um von dem Philosophen Panaitios, dem Geschichtsschreiber Polybios und anderen zu schweigen, ein Zufall, daß DIONYSIOS VON HALIKARNASS (etwa 30 v. Chr.) nach Rom kommt und dort eine römische Geschichte ('Römische Archäologie') schreibt? Dionysios hat in diesem Werk stilistisch verwirklicht, was er als Rhetor gelehrt hatte: Der endgültige Sieg des Attizismus ist nicht zuletzt ihm zuzuschreiben. Wir

kennen von ihm u. a. ›Περὶ συνθέσεως ὀνομάτων‹, 'Über die Wortfügung' (Wortwahl; Synthesis der Wörter in Sätzen und Perioden;
Prosa und Poesie³³). Dionysios hat nicht die alte Gliederung nach
niedrigem, mittlerem und hohem Stil verworfen, aber er stellt daneben
sein mehr ästhetisch und klanglich orientiertes System, das er nach
glatter, mittlerer und rauher Fügung einteilt: σύνθεσις γλαφυρά, z. B.
Sappho, Sokrates; σύνθεσις μέση, z. B. Homer, Platon, Demosthenes;
σύνθεσις αὐστηρά, z. B. Pindar, Thukydides. Für die Schule schrieb er
über die ›Nachahmung‹ von Musterautoren (fragmentarisch erhalten).
Außerdem hat er über ältere Autoren stilkritisch geurteilt. So verfaßte
er eine Schrift über die attischen Redner, von der die Teile über Lysias,
Isokrates, Isaios und Demosthenes erhalten sind (Lysias war ihm hervorragendes attisches Muster, Demosthenes vollkommenes Vorbild).
Auch den Stil des Platon und den der Historiker hat er kritisch beleuchtet (Brief an Cn. Pompeius Geminus) und die angebliche Über-
schätzung des Thukydides in einer Sonderschrift und im sogenannten
2. Brief an Ammaios zurückzuschrauben versucht. Die Abhängigkeit
des Demosthenes von Aristoteles' Rhetorik wird im sog. 1. Brief an
Ammaios abgelehnt. Auch mit einer Echtheitsfrage befaßte er sich (in
der Schrift über Deinarchos). Verloren sind eine Figurenlehre und eine
Streitschrift gegen (epikureische?) Philosophen. Unecht ist eine unter
seinem Namen laufende Techne.

Dionysios von Halikarnaß war, soviel man auch gegen sein Unverständnis altrömischer Verhältnisse in seinem historischen Werk (das
nach den rhetorischen entstanden ist) sagen kann, als Stilkritiker und
philologischer Analytiker bahnbrechend und als solcher sicher begabter
als der ebenfalls in Rom lebende CAECILIUS VON KALEAKTE. Dieser
war viel aktiver, aber offenbar recht pedantisch. Er verehrte vor allem
den 'attischen' Lysias. Die Titel seiner Schriften (leider sind uns kaum
Fragmente erhalten) erinnern z. T. an die der rhetorischen Schriften
des Dionysios von Halikarnaß. Sein Attizismus äußerte sich auch darin, daß er zwei attizistische, alphabetisch geordnete Lexika geschaffen
hat. Aber er war so überspannt, daß er einer echten Größe wie Platon
nicht gerecht werden konnte. Er hat unter anderem auch eine Schrift

---

³³ Aus seinen Beispielen sind z. B. Sapphos berühmtes Gedicht
Ποικιλόθρον' ἀθανάτ' 'Αφρόδιτα (frg. 1 Diehl) und Simonides' ... ὅτε
λάρνακι ἐν δαιδαλέαι (frg. 38 Page) erhalten. Aus dem gleich zu nennenden
Anonymus Περὶ ὕψους kennen wir Sapphos Φαίνεταί μοι κῆνος ἴσος θέοισιν
(frg. 2 Diehl), das von Catull (c. 51) übertragen wurde: Uns ist damit die
Möglichkeit des Vergleiches geboten.

›Περὶ ὕψους‹ geschrieben: Faßbar ist diese nur durch die berühmte,
viel bedeutendere Schrift eines Anonymus ›ΠΕΡΙ ΥΨΟΥΣ‹ (früher dem
Longinus zugeschrieben und daher oft unter [Ps.]-Longinus zitiert),
der souverän den übertriebenen Attizismus und die Kleinlichkeit des
Caecilius bekämpft. Unter ὕψος als literarischer Begriff ist 'Erhaben-
heit', Größe der Gedanken und der sprachlichen Gestalt zu verstehen[34].
Bezeichnend ist sein Kunstideal: Mehr als klare, kleine Bäche beein-
drucken uns Nil, Donau und Rhein und mehr als diese der Ozean
(35, 4), während Kallimachos die klare Quelle dem schlammigen Eu-
phrat vorzieht (Ende des 2. Hymnus). Die Einheit von Inhalt und
Form aus hoher literarischer Ebene sah der Verfasser bei den alten
Autoren verwirklicht, was er an Beispielen erläutert. Er sieht und
anerkennt die Verschiedenheit, etwa Platons und Demosthenes' (auch
Cicero wird herangezogen). Die Schrift, die literarisch ein Meisterwerk
ist, beeindruckt auch deshalb, weil sie ein Gespür für literarische Größe
verrät. Caecilius scheint sich bemüht zu haben, zu messen, worin die
Größe besteht, der Anonymus dagegen versucht nicht das Undefinier-
bare zu definieren. In der Würdigung der literarischen Größe ist er
insofern mit Dionysios von Halikarnaß vergleichbar, da bei ihm die
ästhetische Würdigung eines Kunstwerkes die logische (die Caecilius
versucht zu haben scheint) überwindet.

Selbstverständlich gab es noch eine Anzahl guter Redner (z. B. den
wahrscheinlich 117 n. Chr. geborenen AILIOS ARISTEIDES, der großen
Ruhm erlangte), auch von verschiedenen τέχναι hören wir. Aber die
eigentlichen Schul- und Lehrbücher der Rhetoren wurden die Werke
des HERMOGENES von Tarsos (um 160 bis etwa 225 n. Chr.). Deren
starke Wirkung allerdings setzte erst lange nach dem Tode ihres Verfassers ein. Die Bücher erfuhren seit dem 5. Jahrhundert eine umfangreiche, mehr oder weniger wertvolle Kommentierung, außerdem später
noch Ergänzungen durch andere dem Hermogenes zugeschriebene
Traktate. Dem Charakter und Bedürfnis der Zeit entsprechend sind
seine Werke ausschließlich für den Schulbetrieb bestimmt (vgl. unten
Seneca den Älteren). Es geht nicht sosehr darum, praxisnahe Hilfen
zu geben, sondern (dem Aufsatzunterricht einer noch nicht so lange
vergangenen oder vielleicht noch gar nicht vergangenen Zeit entsprechend) Aufgaben für fingierte, z. T. unmögliche Fälle zu geben. Her-

---

[34] Die Übersetzung von ὕψος durch 'erhaben' ist antiquiert, da sich mit
diesem deutschen Wort heute eine andere Vorstellung verbindet. Sie wird
aber üblicherweise beibehalten, um nicht durch neue Benennungen Verwir-
rung zu stiften, da ein genau entsprechendes deutsches Wort ohnehin fehlt.

mogenes ist kein schöpferischer Geist. Seine Wirkung beruht darauf, daß er das, was bisher erarbeitet war, zusammenfaßte und weiter durchknetete. So beruht seine Stasis-Lehre (zwei Bücher ›Περὶ τῶν στάσεων‹) auf der des Hermagoras (s. o. S. 40), hat aber eine größere (teilweise nur durch Aufspaltung gewonnene) Zahl von Staseis. Ähnliches gilt für seine Lehre der Stilarten ›Περὶ ἰδεῶν‹ (vgl. o. S. 25), die die alte Stilarten-Lehre und, auf Dionysios von Halikarnaß aufbauend, die verfeinerte neuere ästhetisch orientierte Stillehre zusammenzufassen und zu systematisieren sucht. Unter seinem Namen sind vier Bücher ›Περὶ εὑρέσεως‹ überliefert: doch dieses Werk, das später mit der Stasis- und der Ideen-(Stil-)Lehre zu einer ›Τέχνη ῥητορική‹ vereinigt wurde, ist zumindest stark überarbeitet und geht höchstens in den Grundzügen auf Hermagoras zurück. (Das Schicksal der Schulbücher: ihre Autorität beruht weniger auf ihren Verfassern — wie dies bei literarischen Werken der Fall zu sein pflegt — sondern auf ihrer Brauchbarkeit für den Unterricht; so sind Verbesserungen legitim.) Mit Hermogenes und seinen Ausgestaltungen hat die antike griechische rhetorische Theorie ihren Abschluß gefunden.

DIE RÖMISCHE RHETORIK

Wenn wir uns nun der römischen Rhetorik im Zusammenhang zuwenden, so sollten wir uns daran erinnern, daß wohl jede Beredsamkeit in Urzeiten beginnt, nur daß nicht aus allen Anfängen überall eine Rhetorik entstanden ist. Im Homer beraten die Helden in der Versammlung, selbst die Götter kommen zur Beratung zusammen. Wenn auch ein Autokrat wie Zeus einmal nutzloses Palaver von vornherein unterbindet (am Anfang des 8. Gesanges der Ilias), so gilt doch der in der Beratung Hervorragende immer als bedeutend. Erst recht in einer auf Gesetzen, nicht auf dem Recht des Stärkeren gegründeten Gesellschaft. Nicht umsonst hat Odysseus, nicht Aias die Waffen Achills erhalten, womit der Dichter die Sallustische Frage, *vine corporis an virtute animi res militaris magis procederet* (Catil. 1, 5) schon am Anfang der europäischen Literatur entscheidet. Solange nicht rein despotische Zustände herrschen, auch bei Germanen und Indianern, solange zählt der im Rat Hervorragende zu den bedeutendsten Männern eines aristokratisch oder demokratisch organisierten Gemeinwesens.

Wieweit wir eine ursprüngliche Rhetorik auch in Rom annehmen dürfen, geht nicht aus den Zeugnissen hervor. Diese sprechen vielmehr von einer zunächst theokratisch-monarchischen Herrschaftsform. Das Recht und die Macht der Rede ist in diesem Fall eingeschränkt durch die göttliche, dem Gemeinwesen unmittelbar oder mittelbar durch Priester oder den Priesterkönig zukommende Weisung. Doch scheint in der Forschung die Stellung des Priesters im Gemeinwesen in Theorie und Praxis zu wenig beachtet zu werden. Diese Vernachlässigung beginnt bereits mit Platons Staatstheorie, oder gar noch früher. Bei Platon ist dies auf den Rationalismus des Sokrates und Platons selbst zurückzuführen. Denn was soll eine rationalistische Theorie mit irrationalen Kräften anfangen? Man sollte jedoch nicht so tun, als gäbe es die nicht. Den Römern ist es bemerkenswerterweise gelungen, die Priester in das soziologische Gefüge des Staates einzufügen. Selbst so urtümliche und schwer zu fassende Erscheinungen wie die Haruspices wurden staatlich gebändigt. Um nicht mißverstanden zu werden: nicht zu verkennen sind natürlich die unterschwelligen, oft genug an die Oberfläche gekommenen magischen und abergläubischen Strömungen. Zu verkennen ist auch nicht die Kehrseite der gesellschaftlich-staatlichen Bändigung, nämlich die um so explosivere Macht des Eindringens fremder, irrationaler Kulte.

Ein zweiter, mit dem ersten wenigstens teilweise zusammenhängender Grund, weshalb die Entstehung der Rhetorik in Rom etwas anders verläuft als in Griechenland, ist die etruskische Fremdherrschaft, die zumindest in den letzten Königen manifest und unbezweifelt ist. Überhaupt ist es keineswegs so, daß die Rhetorik ein ähnlich offenes Tor in Rom gefunden hat, wie das im großen und ganzen in Griechenland der Fall war. Zu den genannten Gründen kommt noch das Mißtrauen, das Rom immer gegen alle Demagogie gehabt hat; und die Geschichte hat wenig dazu beigetragen, dieses Mißtrauen als unbegründet erscheinen zu lassen. Dazu kommt weiter das anfängliche Unverständnis des so eminent gesellschaftlich, sagen wir gleich staatlich bezogenen Römers für Literatur.

Was also sind die ersten Spuren und Ausprägungen des Rhetorischen in Rom? Zu denken ist da an die *laudatio funebris,* die sog. Leichen- oder besser Grabrede. Polybios hat VI 53 das römische Begräbnis bewundernd beschrieben. Auf den Griechen machte diese Schaustellung der römischen Gentes einen unvergleichlichen Eindruck: die Ahnen des Verstorbenen, ja die der gesamten gens sind anwesend. Männer in den Amtsgewändern und Totenmasken der Ahnen gehen im Zuge voraus. Die zugehörigen Liktoren ziehen vor den Würdenträgern einher. Der Zug, die pompa, bewegt sich zum forum Romanum. Der nächste Verwandte hält die laudatio funebris. Der ganze Zug ist eine Demonstration von des Geschlechtes Glanz und Macht. Die laudatio funebris unterstreicht dies durch Worte, die den jüngst Verstorbenen als des Geschlechtes wert und als würdigen Vertreter des römischen Volkes und Staates feiern.

Die laudatio funebris war und blieb eine gentilizische Demonstration; ihr Ursprung reicht mindestens bis auf den Beginn der Republik zurück. Ihr aristokratischer Charakter ist unverkennbar. Man schließt aus den erhaltenen spärlichen Resten, daß eine relativ schmucklose Form beibehalten wurde. Diese Form ist auch genus-bedingt, und daher von vornherein nicht unwahrscheinlich. (Wir wissen ja von der starken genus-Bezogenheit literarischer Formen in der Antike.) Nicht ganz stimmt dazu allerdings das Urteil in Ciceros De oratore II 11, 44 über die laudatio funebris für Popilia, die Lutatius Catulus, der Mitunterredner in diesem Dialog (Vater des S. 60 erwähnten Mannes), gehalten habe und durch die *omnis, qui adfuerunt, delectatos esse vehementer.* Diese im Jahre 102 oder 103 v. Chr. gehaltene laudatio funebris ist die erste, die, wie Cicero angibt, für eine Frau gehalten wurde.

Daß eine so stark auf den Ruhm der gentes abgestimmte Form in der Kaiserzeit allmählich absterben mußte, ist verständlich. Nachdem, wie aus Quintilian III 7, 2 hervorgeht, die laudatio funebris zunächst in ein ungefährliches Geleise geleitet werden sollte, dadurch, daß bei 'Staatsbegräbnissen' vom Senat ein Magistrat mit der laudatio beauftragt wurde, hören wir fast nur noch von laudationes funebres auf Angehörige der kaiserlichen Familie. Immerhin regte sich manchmal noch der gentilizische Stolz: So schließt Tacitus das III. Buch der Annales eindrucksvoll mit dem Begräbnis der Iunia, einer Nichte des jüngeren Cato, jenes Urrepublikaners, die im Jahre 22 n. Chr. gestorben war.

Die ruhmvolle Ehrung des Verstorbenen und seiner gens und die damit verbundene Vorbildhaftigkeit für die 'Tugend' sind so selbstverständlich nur in aristokratisch organisierten Gesellschaften. Nichts zu tun hat dies mit dem griechischen Epitaphios, wovon der bekannteste Vertreter die Perikleische Grabrede auf die Gefallenen ist, die bei Thukydides II 35 ff. steht. Der Epitaphios, üblicherweise den Gefallenen gehalten, ist nicht institutionell, sondern exzeptionell. In der Rhetorik ist er ein Sonderfall des genus demonstrativum. In Rom dagegen (vgl. Quintilian an der genannten Stelle) ist die laudatio funebris eine feste Einrichtung. Näher liegt der Gedanke, die laudatio funebris mit der *nenia,* dem Klagelied, zu verbinden. Das wäre wenigstens eine römische Form, und beim Jammern über den Tod könnte auch die Klage darüber entstanden sein, daß gerade dieser liebe und wertvolle Mensch sterben mußte. Aber auch dieser Gedanke ginge in die falsche Richtung. Denn 1. ist, soviel wir sehen, die laudatio funebris eine gentilizische Demonstration und eine Ehre, die sogar (wenn auch verhältnismäßig spät) auf Frauen ausgedehnt wurde, während die nenia allgemein ist und auch für Angehörige minderer Herkunft veranstaltet wird; 2. die laudatio funebris ist staatlich-gesellschaftlich relevant und hat nichts mit magischen Riten zu tun. Umgekehrt sind die Nenien religiös und magisch bedingte Klagegesänge zur Besänftigung und zur Abwehr der Totengeister; daher ist die nenia für jeden Verstorbenen notwendig. Die laudatio funebris ist also ein rationales Element der Totenfeier, die nenia ein magisch-irrationales. Die laudatio funebris wird von einem nahen Angehörigen, einem hohen Beamten in der Regel also, gesprochen, die Nenien kann man Klageweibern überlassen.

Die früheste Spur einer laudatio funebris haben wir bei Livius II 47, 11 vor uns: Kaeso Fabius Vibulanus hält sie seinem Bruder Q. Fabius Vibulanus, dem als Propraetor 480 gefallenen Sieger über die Etrusker, und dem in der gleichen Schlacht gefallenen Consul Cn. Manlius. Ob diese laudatio funebris historisch ist, mag, wie vieles aus der frühen römischen Geschichte, dahingestellt bleiben. Ähnliches gilt für die laudatio funebris, die nach Livius II 61, 9 der Sohn des berühmten Appius Claudius für seinen Vater im Jahre 470 hielt. Durry (s. Lit.-Verz.), S. 65, zählt sie unter den bezeugten auf. Sicher dagegen, nach Plin. n. h. VII 139 f. sogar schriftlich aufgezeichnet, ist die zweieinhalb Jahrhunderte spätere laudatio funebris des Q. Caecilius Metellus für seinen Vater vom Jahre 221, auf die gleich noch zurückzukommen sein wird.

Späte, aber wohl mit Abstand die berühmtesten sind: 1. Die Bruchstücke der laudatio Turiae (der Text CIL VI 1527 und 37053 = Dessau 8393 und bei Durry). Sie wirft viele, auch juristische Probleme auf, die am besten bei Durry erörtert sind. Die Abfassungszeit wird von Durry zwischen 8 und 2 v. Chr. angenommen. Man hat sogar schon daran gezweifelt, daß es sich um eine wirkliche Grabrede handelt (Schanz-Hosius II 337 f.). 2. Die erhaltenen Stücke der laudatio Murdiae, gehalten von ihrem Sohn (CIL VI 10230 = Dessau 8394). Sie stammt wohl ebenfalls noch aus augusteischer Zeit. 3. Die laudatio Matidiae vom Jahre 119. Matidia war die Mutter von Hadrians Gattin Sabina. Die Grabrede hielt Hadrian selbst (CIL XIV 3579).

In welchem Tenor die ältesten laudationes funebres gehalten waren, läßt sich aus den *Grabinschriften* der Scipionen schließen. Als Beispiel sei nur die Grabinschrift für L. Cornelius Scipio Barbatus, cos. 298, censor 290 (CIL I² 6—7 = Dessau 1) vorgeführt [35]. Die Inschrift auf dem Sarkophag-Kasten ist in Saturniern: *Cornelius Lucius Scipio Barbatus/Gnaivod patre prognatus fortis vir sapiensque/quoius forma virtutei parisuma fuit/consol censor aidilis quei fuit apud vos/Taurasia Cisauna Samnio cepit/subigit omne Loucanam opsidesque abdoucit.* Wie *fortis — sapiens,* so trifft auch *forma — virtus* zwei Pole der Per-

---

[35] Die Inschrift ist nach Mommsen (im CIL a. O.) „vielleicht nach dem Hannibalischen Kriege" angebracht. Die Familiengrabstätte der Scipionen scheint nämlich um diese Zeit umgestaltet worden zu sein. So sind noch unter der Inschrift für Scipio Barbatus Spuren einer anderen Inschrift zu erkennen, so daß man vermutet, die Gebeine des Barbatus seien umgebettet worden. Die Schrift weist auf die Zeit des Hannibal-Krieges, der Text selbst kann natürlich älter sein. Daraus ergibt sich eine Reihe sprachlicher Probleme, die hier natürlich nicht erörtert werden können. R. Till, Festschrift für Karl Vretska, Heidelberg 1970, 277 nimmt an, daß sie nur wenig später verfaßt ist als die ältere CIL 8—9 = Dessau 2—3, für den Sohn des Barbatus, cos. 259.

sönlichkeit: Tapferkeit, gepaart mit Weisheit, gutes Aussehen, gepaart mit Tüchtigkeit.

Wie man jemanden gefeiert hat, bei dem man nicht besondere Ruhmestaten anführen konnte, zeigt z. B. die Inschrift CIL I² 10 = Dessau 4 ... *mors perficit tua ut essent omnia brevia, honos fama virtusque gloria atque ingenium, quibus sei in longa licuiset tibe utier vita, facile facteis superases gloriam maiorum.*

Natürlich sind das keine laudationes funebres. Wir können aber mangels wirklicher Überreste daraus sehen, was die Hauptzüge des Rühmens waren. Bezeichnend ist das *consol, censor, aidilis quei fuit apud vos*: Das ist die Anrede an die römischen Bürger, und man darf sich vorstellen, daß nicht nur der Grabstein so gesprochen hat, sondern erst recht der Mann, der die laudatio funebris hielt.

Eine noch deutlichere Vorstellung von einer laudatio funebris erhalten wir durch Plinius n. h. VII 139 f., der die hochinteressante und wichtige laudatio des Q. Caecilius Metellus vom Jahre 221 wiedergibt und damit zugleich die erste echte, wirklich gehaltene laudatio funebris eines Römers zwar in indirekter Rede, aber doch im Wortlaut überliefert, eine auch für die römische Literaturgeschichte allgemein hochwichtige Tatsache. Plinius hat die Rede noch gelesen, denn er macht eigens darauf aufmerksam. „Q. Metellus behauptet in der Leichenrede ..., die er schriftlich hinterließ, sein Vater habe die zehn besten und höchsten Güter, zu deren Erlangung die Weisen ihr ganzes Leben verwenden, in sich vereinigt: Er habe nämlich der erste Krieger, der beste Redner, der tapferste Feldherr sein wollen, habe getrachtet, daß unter seiner Leitung die wichtigsten Angelegenheiten verhandelt würden, habe nach den höchsten Ehrenstellen, nach der größten Weisheit, nach der ersten Senatorenstelle gestrebt, getrachtet, viel Geld auf ehrenvolle Weise zu erwerben, viele Kinder zu hinterlassen und der Berühmteste im Staate zu sein. Alles dies sei ihm und sonst niemandem seit Roms Erbauung gelungen." Ein römischer Tugend- und Glückskatalog. Auch von der Grabinschrift dieses Mannes wissen wir: Bei Dionysios von Halikarnaß II 66, 4 wird von seiner berühmtesten Tat berichtet, nämlich, daß er das Palladium aus dem brennenden Tempel der Vesta gerettet habe: Dies sei auch auf seiner Grabinschrift zu lesen.

Es ist wohl keine Frage, daß manches ad maiorem gloriam wenn nicht gerade verfälscht, so doch ausgeschmückt und falls nötig beschönigt wurde. Die in den Familien-Archiven aufbewahrten laudationes sind keine lauteren Quellen, aber sie waren weithin die einzigen. Das ist einer der Gründe für die so oft beklagte Unzuverlässigkeit der frühen römischen Geschichte. Doch man sollte diese Unzuverlässigkeit nicht den Grabreden ankreiden, waren sie doch zu einem ganz anderen Zweck gefertigt. Auch heute noch, obwohl kaum einer noch eine Ahnengalerie sein eigen nennt, sind die Grabreden nicht die besten Zeugnisse.

Indem wir die Grabinschriften der Scipionen herangezogen haben, haben wir auch ein Gebiet berührt, das auf die Entstehung und die Entwicklung der römischen Beredsamkeit nicht ohne Einfluß gewesen sein könnte; es sei jedoch vor einer Überbewertung gewarnt. Gemeint sind die *Ehreninschriften,* von denen die Grabinschriften vielleicht nur ein Zweig sind. Die Errichtung von Ehreninschriften für Lebende dürfte ein Import aus Griechenland sein. Die vielen wortreichen griechischen Ehreninschriften sind jedoch nicht ohne die orientalischen denkbar, während die knapperen, nur Fakten nennenden originär sein könnten. Die Zahl der Ehreninschriften wird immer größer; das liegt nicht nur daran, daß wir von späteren mehr Funde haben. Aber die Römer haben offensichtlich weit weniger auf diesem Gebiet geleistet als die Griechen, die angeregt waren durch ihre östlichen kleinasiatischen Nachbarn und die ja als Unterworfene oder Abhängige alle möglichen Mächtigen als Wohltäter zu feiern Anlaß hatten.

Neben den laudationes funebres steht als andere Wurzel echt römischer Beredsamkeit die *Staatsrede.* Die Gerichtsrede hatte, und das ist ein weiterer, und zwar ein gewaltiger Unterschied zu den Zuständen in Griechenland, dagegen eine verhältnismäßig geringe Bedeutung. Volksrichter wie in Attika sind leichter durch eine rhetorische Komödie zu beeinflussen als der römische Praetor. Es ist bezeichnend, daß gerade dann die Gerichtsrede aufblüht, als die Geschworenengerichte auftauchen [36]. Was wir von römischen Gerichtsreden kennen, sind im wesent-

---

[36] Die Frage, wann und wie die Geschworenengerichte eingeführt wurden, ist im Fluß. Sicher ist, daß sie verhältnismäßig spät erschienen, als die Rede längst verfeinert und die rhetorische Demagogie entwickelt war. Wirklich demokratisiert wurde das Gerichtswesen in Rom nie. Seit klar geworden ist, daß die herkömmliche, im wesentlichen von Mommsen begründete Meinung über die provocatio nicht mehr zu halten ist, darf die hier vorgetragene Auffassung von der geringen Relevanz des römischen Gerichtswesens für die Entwicklung der Rhetorik als sicher gelten. Es ist nicht angebracht und nicht möglich, hier die Gründe im einzelnen auszubreiten, doch darf als bewiesen gelten, daß die provocatio nicht nach erfolgtem magistratlichem Prozeß zur Anwendung kam, sondern daß das Provokationsrecht ausschließlich politischen Charakter hatte. Sein Sinn war, die magistratliche Coercition aus dem politischen Kampf zu entfernen. Das Kriminalverfahren war davon nicht berührt. Die berühmten leges, die lex Valeria vom Jahre 300 v. Chr. und die

lichen solche aus politischen Prozessen. Hier hatten sie auch ihren Platz, hier waren Geschworene, die politisch, parteilich waren. Man darf aber daran erinnern, daß diese Institution nicht alt war und daß sie zunächst mehr ein Standes-, kein Volksgericht war wie in Athen. Wie sehr man darauf angewiesen war, aus dem Stegreif zu sprechen, zeigt die Tatsache, daß z. B. Cicero seine Gerichtsreden überarbeitete. Was der Redner voraussehen konnte, konnte er natürlich präparieren; aber zur vollen Entfaltung kam er kaum vor Gericht, sondern in der Staatsrede, in der Rede vor Senat und Volk, also in der unverhüllt politischen Rede.

Die älteste faßbare Staatsrede eines Römers ist die des App. Claudius Caecus gegen den Frieden mit Pyrrhus.

Die Fragmente der älteren römischen Redner sind gesammelt und mit Anmerkungen versehen von Henrica Malcovati; älter, aber den ganzen Zeitraum der römischen Literatur umfassend, ist die Sammlung von H. Meyer. Die Lehrschriften sind zusammengefaßt in der Ausgabe ›Rhetores Latini minores‹ von Halm, mit Ausnahme der 'Großen', Cicero, Auctor ad Herennium, Quintilian (s. Lit.-Verz.).

Selbstverständlich sind die ältesten römischen Staatsmänner keine *oratores* im eigentlichen Sinne gewesen. Vor allem haben sie sich nicht als solche empfunden. Die ersten lateinischen Reden, die wir vor uns haben, sind als Teile der magistratlichen Pflicht zu verstehen, den Senat oder das Volk zu unterrichten oder Maßnahmen anzuraten oder vor anderen zu warnen.

Es ist hier nicht der Ort, die Etymologie des Wortes *orator* auszubreiten. Doch soviel muß gesagt werden: Die antike Etymologie, die bis in die neuere Zeit gültig blieb, stellte *orator* und das damit zusammengehörige *orare* zu *os, oris* 'Mund, Rand' (vgl. Varro l. l. VI 76). Doch die moderne Wissenschaft hält dies für eine sog. Volksetymologie. *orare* sei keine Ableitung von einer Nominalwurzel *os, or-*, sondern vielmehr komme es aus einer Verbalwurzel, zu der unter anderem auch griech. ἀράομαι 'bete, fluche', ἀρά 'Gebet' gehören. *orator* ist ein nomen

Porcischen Gesetze, begründen kein Provokationsrecht, sondern schützen nur den Bürger vor Todesstrafe und Auspeitschung, zunächst innerhalb des Stadtgebietes, dann in den Provinzen und schließlich überhaupt. Nur so hat der bekannte Antrag Caesars gegen die Catilinarier (in dem von Provokation nicht die Rede ist) überhaupt Sinn! Während Mommsen die provocatio zwischen magistratlich-komitialem Strafprozeß und Urteilsvollstreckung stellte, ist nun klar, daß für politische Straftaten nur die Comitien zuständig waren, wofür im 2. Jahrhundert v. Chr. quaestiones extraordinariae eingesetzt wurden, die ebenfalls nicht dem Provokationsrecht unterworfen waren.

agentis mit dem bekannten Suffix -*tor*, das nach den Grammatiken den Inbegriff oder die dauernde Eigenschaft einer Person oder Sache bezeichnen soll, also etwas Besonderes, nicht *is, qui* ... Mindestens seit Livius aber wird das Suffix auch für einmalige, jedoch besonders hervorragende Tätigkeit verwendet. Das Verbum *orare* kommt schon bei Plautus fast überall in der Bedeutung 'bitten' vor; die Bedeutung 'sprechen' findet sich im alten Latein fast ausschließlich in formelhaften Wendungen aus der Rechtssprache. In der höheren Literatur hat *orare* aber nie ganz den Sinn von 'sprechen' verloren, nicht nur bei Ausdrücken des gerichtlichen Verfahrens, wo es gewöhnlich ist. Der Tatbestand ist: wie das Verbalsubstantiv *oratio* 'Rede' bedeutet, so *orator* 'Redner', und zwar jeden Redner, nicht nur den berufsmäßigen oder sonst irgendwie damit üblicherweise Beschäftigten. Die angenommene Bedeutung des Suffixes -*tor* trifft also für das Wort *orator* nicht zu. Alle Zeugnisse sprechen dafür, daß *orator* weder ein berufsmäßiger Redner ist noch jemand, der ein besonders hervorragender Redner ist, sondern einfach jemand, der redet, d. h. vor einem Publikum wohlgesetzte Worte macht.

Die erste römische Rede, die wir, wie gesagt, näher zu kennen glauben, ist die Rede des App. Claudius Caecus gegen den Frieden mit Pyrrhus. Zur Zeit Ciceros war sie noch zu lesen, wie aus seiner Schrift ›Cato maior‹ § 16 hervorgeht.

Aber mit der Originalität der frühesten römischen Reden hat es seine Schwierigkeiten. Wir dürfen nicht vergessen, daß es zum rhetorischen Unterricht gehörte, fiktive Reden als Übungsstücke oder als Musterstücke zu schreiben. Schon Gorgias hat, wie wir hörten, eine Rede für Helena und eine des Palamedes geschrieben. Die Historiker dürfen ebenfalls nicht vergessen werden, die direkte Reden einzulegen pflegten, die nur dann echte mitgeschriebene oder nachträglich veröffentlichte Reden waren, wenn der Redner eigens darauf aufmerksam machte. Die Herausgeberin Malcovati zweifelt daran, daß die Reden, die z. B. Cicero von Appius Claudius in Händen hatte, wirklich die echten waren oder ob sie spätere Produkte waren.

Auf sicheren Boden aber kommen wir mit dem alten Cato. Wir haben bereits eine für die römische Literaturgeschichte hochwichtige Tatsache kennengelernt, die laudatio funebris für Q. Caecilius Metellus vom Jahre 221. Wer das Epochenjahr 240, das Jahr des griechischen Bühnenspiels in Rom, und überhaupt Livius Andronicus als Beginn der römischen Literaturgeschichte nur bedingt gelten lassen will, weil Bühnenspiel und Odyssee-Übersetzung eben nur Übersetzungen waren, wem weiter die laudatio funebris eine zu wenig literarische Gattung

ist, und wer die erste Staatsrede eines Römers, von der wir eine Vorstellung zu haben glauben, die des Appius Claudius Caecus gegen
Pyrrhus vom Jahre 280 oder 279 wegen der Unsicherheit der Überlieferung und auch, weil sie nicht verfaßt worden ist, um aufgezeichnet
zu werden, nicht als wirklichen Anfang der römischen Literaturgeschichte anerkennen will, kommt nicht umhin, den alten Cato als
epochemachend für die römische Literaturgeschichte anzusehen. Seine
Censur vom Jahre 184, die ihm später den Beinamen Censorius ein-
trug, lag am Ende einer langen echt römischen Laufbahn: Geboren
234 in Tusculum, war er als Soldat tribunus militum, Quaestor des
Scipio maior in Sizilien und Afrika, Praetor in Sardinien und Consul
in Spanien. Schließlich stand er als Legionskommandeur gegen Antiochos im Osten, wo er die Schlacht bei den Thermopylen im Jahre 191
mit seiner Legion entschied. Die Ämterlaufbahn durchmaß er als homo
novus — darin Ciceros Vorbild. Die athenische Gesandtschaft vom
Jahre 155 (die glänzende Verbindung des Peripatetikers Kritolaos, des
Akademikers Karneades, des Stoikers Diogenes) wollte er möglichst
schnell wieder aus Rom entfernt wissen (über diese Gesandtschaft
Gellius VI 14, 8). Wieweit er an der berüchtigten Ausweisung der
Rhetoren und Philosophen vom Jahre 161 und an einer anderen Ausweisung der epikureischen Philosophen (vielleicht kurz nach jener Gesandtschaft von 155) beteiligt war, ist nicht überliefert. Aber wir werden nicht fehl gehen, in ihm eine der treibenden Kräfte im Senat zu
vermuten. Er gebärdete sich als Verächter alles Griechischen. Aber im
Alter soll er noch Griechisch gelernt haben, angeblich um die Griechen
besser bekämpfen zu können [37].

[37] Es müssen allerdings Zweifel geweckt werden, ob die schöne Legende,
Cato habe erst im Alter Griechisch gelernt, stimmt, so wie sie bei Cicero
(Cato 1, 3; 8, 26), bei Plutarch (Cato 2), Valerius Maximus (VIII 7, 1),
Quintilian (XII 11, 23) zu lesen ist. Davon ist allerdings das Zeugnis Plut-
archs nicht vollgültig, denn das Wort, Cato sei in griechischer Bildung ein
'Spätlernender' (ὀψιμαθής) gewesen, könnte auch gelten, wenn er z. B. etwa
30 Jahre alt gewesen sein sollte. Es ist nicht ganz von der Hand zu weisen,
daß aus einer ähnlichen Angabe geschlossen wurde, er habe erst „im Alter"
Griechisch gelernt. Überhaupt sind die vier Zeugnisse kein vierfaches Zeugnis: Eine wichtige Quelle des Valerius Maximus, vielleicht die wichtigste, ist
Cicero. (Die Forscher sind bei allen Differenzen im einzelnen und über mögliche Zwischenglieder darin einig; vgl. die Diskussion zwischen A. Klotz,
Sitz.-Ber. Ak. München 1942, 5, und R. Helm RE VIII A 98 und Rhein. Mus.
89, 1940, 241 ff.) Daß Quintilian seinen Cicero bestens kannte, bedarf keines
Beweises. Plutarch hat, auch darüber herrscht Einigkeit, als Grundlage seiner

Auch heute noch herrscht der Eindruck vor, Cato sei der 'häßliche Römer' gewesen, der alle die unedlen Züge Roms in seiner Person vereinigte, ein Eindruck, den Friedrich Klingner in seinem Aufsatz ›Cato Censorius und die Krisis Roms‹ (er steht in seinem Sammelband ›Römische Geisteswelt‹) in abschließende Form gebracht hat: „Von einem kantigen, eckigen, verbissenen, widerborstigen, verschlagenen, unheimlichen, ja rohen barbarischen Manne voller unausgeglichener, unbewältigter Problematik soll die Rede sein, von dem blauäugigen Rotkopf, vor dem sich seine Mitbürger fürchteten, der wie ein bissiger Hund jeden anfiel und den nach seinem Tode selbst Persephone im Hades nicht aufnehmen mochte, ... von einem Eiferer, ja Zänker, dessen Wesen auch ein Teil Bösartigkeit beigemischt war, von dessen Feindschaften ungleich mehr als von seinen Freundschaften bekannt ist, der immer in Fehden mit den Mächtigen seiner Zeit gelegen hat, ... der manchen zu Falle gebracht und sogar den großen Scipio, den Überwinder Hannibals, gestürzt und in die Verbannung getrieben hat —, von einem Manne, in dem die Urkraft des italischen Blutes brutal und fast erschreckend pulst." Mit diesem Urteil sollte jedoch das Kapitel des barbarischen Cato wirklich abgeschlossen, besser beendet sein. Zwar sollen die unangenehmen Züge in seinem Wesen, wie Geiz und Unversöhnlichkeit, nicht beschönigt werden. Der Zusammenstoß des uritalischen Bauern mit den griechisch gebildeten römischen Herren vom Schlage der Scipionen mußte in ihm Kräfte freisetzen, die Spätere leicht erschrecken, zumal die Scipionen die Geschichte auf ihrer Seite haben. Doch man kann Cato so nicht gerecht werden. Cato als unbequemer Zeitgenosse, der sich um die Heldenverehrung nicht scherte, der in seinem Geschichtswerk die Macht Roms wirkend sieht und folglich kaum Namen der Beamten, nur ihren Rang, angibt, der mußte ja „voller unausgeglichener, unbewältigter Problematik" und voller Komplexe sein! Sicher, mit klassizistischen Maßstäben ist er nicht zu messen. Während die Scipionen dieser Zeit glaubten, daß Rom es sich

Biographien römischer Persönlichkeiten römische Quellen benützt. Die Legende dürfte Traditionsgut gewesen sein, die wohl letzten Endes auf eine einzige, nicht zu benennende Quelle zurückgeht. Außerdem: So eine Geschichte dichtet sich beinahe von selbst. Der Griechenfresser konnte Griechisch (das zeigten allen deutlich seine Werke, die ohne Griechisch-Kenntnisse nicht möglich waren: Die römische Urgeschichte in den ›Origines‹ hat Cato den Griechen nacherzählt [vgl. W. Eisenhut im Kl. Pauly s. v. Aineias mit Lit.] und selbst in ›De agricultura‹ ist die Kenntnis des Griechischen unübersehbar [vgl. P. Reuther, De Catonis de agricultura libri vestigiis apud Graecos, Diss. Leipzig 1903]). Was paßt da besser, als daß er es im Alter noch lernte?

schon leisten könne, die griechische Kultur verstärkt einströmen zu lassen, war Cato nicht dieser Ansicht, vielleicht verschreckt von den östlichen Lebensvorstellungen, die denen Roms weitgehend entgegengesetzt waren, vor allem aber wohl besessen von seiner Furcht vor Karthago, die vielleicht pathologisch, aber doch wohl nicht ganz unberechtigt war [38].

Andererseits aber erscheint Cato in Ciceros ›Cato de senectute‹ (ein wenig beschönigt oder nicht) als gebildeter, weiser Mann, tief durchdrungen von griechischem Wesen, kurz als Ideal, das Cicero selbst so gern verwirklicht hätte: Römischer Staatsmann und philosophischer Weiser. Den Zeitgenossen scheint das keineswegs absurd vorgekommen zu sein, am wenigsten Cicero selbst, sonst wäre das offensichtlich als Parallele dazu geschriebene Buch ›Laelius de amicitia‹ ein eigenartiges Kompliment für Laelius gewesen. Vergessen wir nicht, Cato haßte die hochfahrenden Herren und sie ihn; er ärgerte sich, daß Rom sie brauchte, sie hätten nur zu gern vergessen, daß sie ohne Roms Macht ein Nichts gewesen wären. Cato hat Ennius geholt, er hat die griechische Wissenschaft doch noch gepflegt, er ist für Rhodos gegen die beutegierige und rachelüsterne Meute eingetreten.

Daß Cato Reden halten mußte, versteht sich von selbst, und zwar nicht nur Staats-, sondern auch Prozeßreden. Er gerierte sich als Hüter der alten strengen Sitte, keiner war vor seiner scharfen Zunge und seinen Anklagen sicher. Sein Intimfeind war das anerkannte Haupt der Nobilität, Scipio. Wie er anderen am Zeug flickte, so tat man es auch an ihm: 44mal war er angeklagt, aber niemals ist er verurteilt worden. Die Verteidigung führte er jedesmal selbst.

Eine Reihe eigener Reden fügte er seinem, heute verlorenen Hauptwerk, den ›Origines‹ ein, selbstverständlich überarbeitet. Eine Sammlung seiner Reden gab er noch selbst heraus.

Cicero will noch 150 Cato-Reden gekannt haben (Brut. 17, 65), eine stattliche Zahl, gegen die die paar Seiten Fragmente, die wir noch zusammenbringen, recht kläglich sind. Nicht einmal die Titel können

---

[38] Das berühmte *ceterum censeo Carthaginem esse delendam* ist in dieser Form nicht antik, wenn auch die Sache selbst, Cato habe die Warnung vor Karthago jeder Rede angefügt, im Kern zutreffen mag. Das Wort, das nur griechisch überliefert ist, lautet bei Plutarch, Cato maior 27: δοκεῖ δέ μοι καὶ Καρχηδόνα μὴ εἶναι. Daß die Übersetzung unantik ist, war schon bekannt; jetzt hat sich durch den Thesaurus-Artikel herausgestellt, daß *censere* nie mit dem Inf. *esse* vorkommt (dieser ʻfehlt' stets). Die Alliteration spricht dafür, daß wenigstens die drei ersten Wörter richtig sind.

wir noch alle nennen: 80 Titel hat man zusammengebracht, aber
manche bezeichnen unter verschiedenen Namen gleiche Reden.

Cato hat die erste lateinische Enzyklopädie verfaßt, geschrieben zunächst für seinen Sohn, daher ›Ad Marcum filium‹. Er hat darin über
verschiedene Gebiete geschrieben. Der Abschnitt über die Redekunst ist
die erste lateinische, leider verlorene Lehrschrift der Rhetorik. Ganz
aus römischem Geiste sollte diese Rhetorik sein. Aber es wäre Selbst-
täuschung Catos gewesen, hätte er geglaubt, nichts vom griechischen
Geist einfließen lassen zu müssen. In dieser Rhetorik stand das berühmte *rem tene, verba sequentur*. Das war Catos Ideal, dagegen war
das Ciceros der *orator sapiens* (de orat. I 83). Von Philosophie wollte
Cato nichts wissen: in der Enzyklopädie hatte er sie als schädlich für
die Jugend ausgelassen. Die Enzyklopädie ist nicht erhalten; sie hatte
somit das gleiche Schicksal wie die bedeutendere und wirkungsmäch-
tigere (s. u. Martianus Capella S. 80 f.) des großen Gelehrten Varro.
(Hier sei gleich angemerkt, daß die erste erhaltene lateinische Rhetorik
die des Auctor ad Herennium ist, es folgt etwa aus der gleichen Zeit
Ciceros ›De inventione‹.)

Die wohl eindrucksvollste Rede Catos, von der auch etwas umfang-
reichere Fragmente erhalten sind, ist die Rede ›Pro Rhodiensibus‹. Sie
zeigt uns den alten Cato, den Karthagerhasser von einer anderen Seite:
er will den Rhodiern Gnade zukommen lassen. Seine Begründung ist
aber so echt Catonisch, daß wir weniger Menschlichkeit und Milde am
Werk sehen, sondern Cato als Staatsmann sprechen hören. Überhaupt
zeigen alle seine Reden und seine sonstigen Werke den im Bauernstand
verwurzelten altrömischen Staatsmann. Und Cato ist mit Recht stolz
darauf gewesen.

Als Redner könnte man in der Zeit zwischen Appius Claudius
Caecus und Cato einerseits sowie Cicero andererseits noch viele tüch-
tige Männer nennen. Es erschienen dabei die Namen von *Scipio Africanus maior* und *minor, Tiberius* und *Gaius Gracchus*, von *Papirius
Carbo, Q. Aelius Tubero, Calpurnius Piso, C. Aurelius Cotta* und
viele andere, vor allem aber *M. Antonius* und *L. Licinius Crassus*, die
Cicero als die hervorragendsten Redner der vor ihm liegenden Zeit
rühmt und die auch in der Folgezeit ihren Ruhm behielten. Schließlich
wäre der als Redner bedeutendste Zeitgenosse Ciceros, *Q. Hortensius
Hortalus* (114 bis 50 v. Chr.) zu nennen. Alle diese Männer und noch
viele andere, von denen wir nichts mehr wissen, sind Staatsmänner gewesen, nicht berufsmäßige Redner. Sie haben ihre Reden auch nicht der
Rhetorik, sondern des Staates wegen gehalten. Als die Aktualität vorüber war, hatte man kein Interesse an der Bewahrung. So kommt es,

daß der Umfang der Fragmente noch trostloser ist als dies bei dem sonstigen Zustand der republikanischen Literatur zu erwarten wäre.

Vor allem muß einer der bedeutendsten politischen und rhetorischen Gestalten gedacht werden, des GAIUS GRACCHUS. Er gab seine Reden selbst heraus — entsprechend mehr als von anderen ist erhalten —; nicht aber für die Nachwelt, was bei Cato der Fall war, sondern für seine Parteigänger. Gaius Gracchus, also der jüngere der beiden Brüder, wird in jeder rednerischen Hinsicht aufs höchste gerühmt, so daß nicht einmal politische Gegner ihm die Anerkennung versagen konnten. Auch Cicero rühmt ihn z. B. im ›Brutus‹ 125 und 333, in ›De haruspicum responsis‹ 41, nur als Redner natürlich. Aufgefallen ist — und das zeigt, welche Überlegung hinter den rhetorischen Leistungen dieser Zeit bereits steckte —, daß C. Gracchus einen Flötenspieler hinter sich verborgen hielt, der ihm mit dem φωνασκικὸν ὄργανον, einer tonangebenden Pfeife, die Stimmhöhe angab (*fistula quam* τονάριον *vocant,* Quintil. I 10, 27). Und das bei einem Manne, den man damals wie heute als Revolutionär ansah! Die Massen, auf die er einzuwirken suchte oder, wie man heute zu sagen pflegt, die er manipulierte, müssen etwas mehr als nur revolutionär gewesen sein, oder — auch so könnte man sagen — C. Gracchus, einer der größten und gescheitesten Revolutionäre der Geschichte (daß er ermordet wurde und sein Werk nicht vollenden konnte, sollte an diesem Urteil nichts ändern), hatte gemerkt, vielleicht am Beispiel seines Bruders, daß der revolutionäre Elan vielleicht bei einer kleinen 'Elite' durch den Intellekt, bei den Massen aber nicht ohne Verführung aktiviert werden kann. Erfunden hat C. Gracchus das jedoch nicht. Im Altertum galt, daß die leidenschaftliche Rede zwischen Sprechen und Gesang stehen müsse. Norden I 56 f. macht darauf aufmerksam, daß Platon als selbstverständlich voraussetzt, daß der Unterricht in der Rhetorik mit dem der Musik vereinigt werde, und daß sich die Rivalen Demosthenes und Aischines gegenseitig vorwarfen, durch Biegungen der Stimme die Hörer zu verführen. Erwähnt sei hier auch, daß zum musikalischen Element der Redekunst die schön klingenden Wörter und Sätze — besser ausgedrückt: die Rhythmisierung nicht um ihrer selbst willen, sondern des Klanges wegen — gehören.

Wie die Gracchen haben auch andere Staatsmänner und Politiker nicht auf die Macht der Rede verzichten können. Sowenig wie man Perikles oder gar Demosthenes in einer Geschichte der griechischen Beredsamkeit übergehen kann, sowenig könnte man in einer Geschichte der römischen Beredsamkeit auf Cato oder C. Gracchus ganz verzichten. Lediglich durch den äußeren Umstand der fehlenden Überlieferung kann man über die rhetorischen Leistungen der Staatsmänner zum großen Teil nicht direkt urteilen. Die Beredsamkeit ist in Rom von den Praktikern weit mehr gefördert worden als von den Theoretikern. Daß es, schon infolge der staatlichen und sozialen Verhältnisse, in Rom niemals an Rednern fehlte, ist selbstverständlich. Die Gracchen-Zeit bildet wohl politisch, aber nicht literargeschichtlich einen Einschnitt. Daß man hier im allgemeinen einen Einschnitt zu machen pflegt, hat nur den Grund, daß wir hier etwas besser unterrichtet sind, während wir von den Rednern der Folgezeit wieder nur Namen herzählen können. Auch da sind es wieder Männer, die wegen anderer, staatsmännischer Leistungen in die Geschichte eingegangen sind. Interessant wäre es, kennten wir z. B. die noch in Ciceros Jugend berühmt gewesene Rede des C. Scribonius Curio oder die Reden des P. Sulpicius Rufus, des C. Aurelius Cotta (beide im Jahre 124 geboren), ohne nur auf Ciceros vergleichende Charakterisierung in ›De oratore‹ III 8, 31 (vgl. auch Brut. 55, 201 ff.) angewiesen zu sein. Denn dann könnten wir die Fortentwicklung, die die ciceronianische Zeit und nicht zuletzt Cicero selbst vollzogen haben, sicherer und genauer beurteilen. Es ist schlimm genug, daß es uns an literarischen Kenntnissen über das 1. und 2. Jahrhundert mangelt. In der Rhetorik entgeht uns so genaueres Wissen, z. B. über die *drei Curiones,* den älteren Curio, seinen Sohn und seinen Enkel. Es entgeht uns so auch das Wissen um Leute, die später die Archaisten wieder ausgruben. Wir bilden uns ein, wir wüßten etwas von den Vorbildern der Archaisten, wenn wir ein paar Wörter und Konstruktionen auftreiben können, die auch bei Plautus, Terenz oder Cato stehen, während wir von den für die Archaisten wahrscheinlich wichtigeren Literaten der Zeit zwischen Terenz und Cicero kaum etwas kennen. Sollte man vielleicht annehmen, daß die Archaisten gerade die Dramatiker ausgebeutet haben und nicht die Prosaiker? Ob sich etwa Frontos Reden an Plautus orientiert haben? Vielleicht, wahrscheinlicher aber an Cato oder an dem durch den Jugurthinischen Krieg berühmten Q. Caecilius Metellus Numidicus, von dem noch Gellius Reden lesen konnte.

Bereits oben wurden zwei Namen genannt, deren Träger kurz charakterisiert werden müssen, schon deshalb, weil sie von dem größten römischen Redner, Cicero, so geschätzt wurden: M. Antonius (Großvater des Triumvirn) und L. Licinius Crassus. Damit treten wir auch wieder ins eigentliche Gebiet der Schulrhetorik ein, denn sie sind nicht nur Redner, sondern auch Lehrer der Beredsamkeit. Obwohl Antonius selbst nichts veröffentlichte (weil er nämlich den Vortrag und die Gesten für so wichtig hielt, daß nach seiner Meinung die geschriebene Rede das beinahe Wichtigste weglassen muß), ist trotzdem ein unvollendetes Schriftchen ›De ratione dicendi‹ publiziert worden, wenn auch gegen seinen Willen, so heißt es jedenfalls. Er selbst soll zudem behauptet haben, er veröffentliche deshalb nichts, weil er bei anderen Gelegenheiten und zu anderen Zwecken manchmal anderes sagen müsse als früher, und man solle ihm da keine Widersprüche nachweisen können. Darin ist er echter Redner, Advokat: Er weiß, daß man als Anwalt, der ja dazu da ist, für seine Mandanten Recht zu bekommen, oder als Politiker, der zu verschiedenen Zeiten Verschiedenes durchsetzen will, nicht immer auf dem gleichen Standpunkt stehen kann, eine Maxime, die Männer wie Cicero und auch Crassus aus ethischen Gründen weit von sich gewiesen hätten, obwohl sie natürlich nach jener theoretisch abgelehnten Maxime zuweilen handeln mußten. In der (Ps.-)Sallustischen Invektive gegen Cicero kann man einiges dazu nachlesen, wenn da auch nur die äußerlich erkennbarsten Widersprüche angeführt sind, die in dem Vorwurf gipfeln (4, 7): „Im Stehen hast Du eine andere politische Meinung als im Sitzen." (Das Bild des Umfallens war noch nicht gefunden.)

Es wird sogleich von einer Gegenbewegung in der Rhetorik gegen das Griechische zu reden sein, die in den neunziger Jahren des 1. Jahrhunderts vor Chr. in Erscheinung getreten ist. Einer der beiden von Cicero so hoch geschätzten Redner, Marcus Antonius, könnte als Teil dieser Gegenbewegung verstanden werden, obwohl er vor Plotius (s. u.) auf der Rednerbühne stand: Antonius war wohl in der griechischen Bildung nicht unbewandert, aber er tat so, als wüßte er nichts davon. Crassus dagegen verbarg zwar seine griechische Bildung nicht, kehrte sie aber nicht auffallend hervor. So hat schon Cicero (de orat. II 1, 4) richtig geurteilt: „Aber dies lag in jedem der beiden, daß Crassus nicht so sehr sich den Anschein geben wollte, nicht Studien getrieben zu haben als vielmehr, daß er sie verachte und daß er die Einsicht unserer Landsleute in jeder Hinsicht der der Griechen vorziehe; Antonius dagegen meinte, in diesem Volke werde seine Rede mehr Zustimmung finden, wenn man von ihm glaube, er habe überhaupt nie Studien getrieben." Die beiden Redner werden übrigens auch sonst noch öfter verglichen (am präzisesten von Macrobius V 1, 16 f.; außerdem von Cic. de or. I 20, 93; Brut. 39, 144; 57, 207).

Hier sei gleich vorausgeschickt, daß die Sache der lateinisch redenden Rhetoren, die später Plotius aufgegriffen hat, zunächst nicht nur eine Angelegenheit der Popularen gewesen ist. M. Antonius war Optimat; er wurde durch die Marianer ermordet. Man konnte auch gebildet sein wie Antonius und dennoch die lateinische Rhetorik von der griechi-

schen Herrschaft unabhängiger machen wollen. Und wie stockkonser-
vativ man sein konnte und trotzdem das Lateinische vorziehen, zeigt
Crassus, der als Censor im Jahre 92 das Edikt gegen die Neuerungen
der 'rhetores Latini' erlassen hat.

Nicht vergessen dürfen wir Q. HORTENSIUS HORTALUS. Er war geboren 114, also zehn Jahre jünger als die beiden eben genannten Redner. Vor Cicero galt er in Rom als der bedeutendste Redner. Im Prozeß gegen Verres, also im Jahre 70, war er der Gegner Ciceros. Dies
war ein eminent politischer Prozeß. Cicero stand am Anfang seiner
Karriere, obwohl er bereits Quaestor in Sizilien gewesen war, wodurch
er erst zu diesem Prozeß prädestiniert wurde. Sein diplomatisches Ge-
schick bewirkte, daß er als homo novus zwar die Korruption und die
Intrigen der Optimaten geißelte, zugleich aber nicht als Popularer,
sondern als Anhänger der Nobilität erscheinen konnte. Am Ende —
Cicero hat nur die sog. ›Divinatio in Caecilium‹ gehalten, durch die er
seinen besseren Klageanspruch begründete — ging Cicero nicht nur
politisch gestärkt hervor, er galt durch die Überwindung des Hortensius von nun an als der vorzüglichste Redner Roms. Im Jahre 66
widersprach Hortensius mit Q. Lutatius Catulus dem Antrag des
Manilius, Pompeius solle den Oberbefehl im Osten erhalten. Cicero,
damals Praetor, trat dafür ein. Trotzdem scheint das Verhältnis der
beiden Männer nicht gelitten zu haben, was wohl der Noblesse des
Hortensius zu verdanken war. Sie führten gemeinsam die Verteidigung
in mehreren Prozessen, z. B. pro Murena vom Jahre 62, pro Sulla
vom gleichen Jahre, pro Sestio vom Jahre 57.

Die theoretischen Grundlagen der römischen Rhetorik stammten
nicht nur ganz aus dem Griechischen, sie waren auch in griechischer
Sprache geschrieben. Der erste Rhetoriklehrer, der mit Erfolg den Versuch machte, Rhetorik rein lateinisch zu lehren, war L. PLOTIUS
GALLUS. Er setzte sich an die Spitze der Reaktion gegen die griechische
Bildung. Daß diese Reaktion, vor allem seit und durch Plotius,
letztlich auch soziale und politische Hintergründe hatte, ist nicht nur
dadurch wahrscheinlich, daß dieser (nach Cic. pro Archia poeta 20)
mit Marius, der, selbst des Griechischen nicht mächtig, Feind des Griechischen war, befreundet war, sondern besonders durch das Zeugnis in
Ciceros ›De oratore‹ III 24, 92 ff., wo Crassus unter anderem sagt, es
seien auch lateinische Redelehrer aufgetreten, denen er als Censor
durch sein Edikt das Handwerk gelegt habe. Wenn das Edikt auch
keine Maßnahme für die Dauer gewesen ist, so hat es doch seine Wirkung geübt: Cicero bedauert, daß er diese Leute überhaupt nicht habe
hören können. Das Edikt richtete sich keineswegs gegen die Rhetorik

überhaupt; im Gegenteil waren die Initiatoren des Edikts — Aristo-
kraten — davon überzeugt, der Jugendbildung und der Rhetorik zu
nützen. Verdächtig war ihnen sowieso alles Neue; und sie mußten ja
auch in Leuten, die mit Marius sympathisierten, ihre Gegner sehen.
Wenn sie nun auch noch wahrnahmen, daß diese Leute das Griechische
ebenso ablehnten wie der ungebildete Marius, so war für sie der politische Zusammenhang evident. Man sagt, die Nobiles sahen ihre Vor-
rangstellung bedroht, da Bildung das Vorrecht der Begüterten gewesen
war, die sich griechische Lehrer halten konnten, während nun plötzlich
ein Mann auftrat, der das Lateinische zum Programm erhob. Aber liegt
die Schuld ausschließlich bei den Nobiles? Haben nicht die Latini
rhetores selbst ihre Lehre politisch verbrämt? Was ist Ursache, was
Wirkung? Mußte es nicht als entlarvend gelten, wenn Marius (s. Cic.
pro Archia 20) erwarten konnte, in Plotius einen Herold seiner Taten
zu finden? — Wir wissen von der literarischen Wirksamkeit des Plotius, daß er eine nicht erhaltene theoretische Schrift ›De gestu‹ verfaßt
und Gerichtsreden für andere geschrieben hat.

Mit der Schule der lateinischen Rhetoren wird der Versuch gemacht, die
lateinische Rhetorik frei von der griechischen zu machen, ein Versuch, der,
wäre er gelungen, von wahrhaft säkularer Bedeutung gewesen wäre.

Die erste erhaltene lateinisch geschriebene Rhetorik verfaßte ein uns
unbekannter Mann, der sog. AUCTOR AD HERENNIUM. (Sie wurde einst
einem Cornificius zugeschrieben.) Die Tatsache, daß sie lange Zeit
unter Ciceros Werke eingereiht wurde, mag ihre Erhaltung begünstigt
haben. Die Beispiele, die der Verfasser bringt, zwingen zu der An-
nahme, daß er ein Anhänger der Volkspartei gewesen ist. Im Unterschied zu Plotius aber bekennt er sich zur griechischen Rhetorik. Diese
Rhetorik ist ein zweckbedingter, trockener Lehrgang. Knappe Regeln
ohne Ballast bestimmen sein Bild.

Ganz anders CICEROS Jugendschrift ›De inventione‹. Während der
Auctor ad Herennium trocken aufzählt, systematisch und ohne viele
Umschweife, versucht Cicero gefällig und anziehend zu schreiben, auch
dadurch, daß er philosophische Gedanken und historische Fakten einbe-
zieht. Bezeichnend ist schon der Anfang: Während der Auctor ad
Herennium nur kurz über den Anlaß (die Widmung) schreibt und
dann gleich medias in res geht, verbreitet sich Cicero zunächst über die
Frage, ob die Beredsamkeit dem Menschen mehr Nutzen oder Schaden
bringe. (Das Ergebnis ist, daß Weisheit ohne Beredsamkeit nutzlos,
Beredsamkeit ohne Weisheit schädlich sei; also sei gut nur die Verbindung von Weisheit und Beredsamkeit.) Cicero versucht, Regeln
durch gefällige Darstellung nicht als Regeln erscheinen zu lassen. Diese

Kunst hat er später besser beherrscht. In seinen Jugendjahren aber überstieg dies seine Kraft, oder besser, er hätte mehr Zeit und Kraft investieren müssen, als er zu geben bereit und imstande war. Cicero ist sich später bewußt, daß er nicht das Beste geliefert hat: er entschuldigt sich mit Jugend und Unerfahrenheit. Da es im wesentlichen um das Auffinden des rednerischen Stoffes, die Argumentation, geht, trifft der Titel ›De inventione‹, unter dem die Schrift zitiert zu werden pflegt, zwar ziemlich genau den Inhalt, er ist aber sicher nicht von Cicero, ja kaum antik. Trotz mancher Mängel ist die Schrift nicht wenig benützt worden. Was man an ihr vor allem schätzte, scheint neben der anziehenden Darstellung die bequem benützbare Behandlung der Stasis-Lehre gewesen zu sein. Was eigentlich eine gedankliche Schwäche der Schrift ist, ist für einen Überblick ihre Stärke: Wie Cicero in der Einleitung zu Buch II sagt, hat er aus allen Technai das Beste ausgewählt.

Außer dieser Jugendschrift sind Ciceros andere rhetorische Hauptwerke 1/4 Jahrhundert oder gar 30 bis 35 Jahre später geschrieben, nach seiner Laufbahn als Politiker und hervorragender Redner.

Ciceros rhetorisches Hauptwerk ist ›De oratore‹. Es ist kein systematisches Lehrbuch: Das gerade ist es, was es lesbar macht, das ist aber zugleich auch seine Schwäche. Die Vermengung des Grundgedankens, das Ideal des gebildeten, und das heißt damals des philosophisch gebildeten, Redners zu begründen mit dem Bestreben, praktische Regeln (z. B. über die Klauseln) zu geben, ist nicht immer glatt gelungen. Daß er beides geben wollte, ist allerdings verständlich: Konnte er doch nicht ahnen, daß er noch einmal, ja sogar noch mehrmals auf die Rhetorik zurückkommen werde. Bei einer nüchternen Techne nimmt man es hin, daß ihre Regeln nicht logisch deduziert werden, bei einem philosophisch anspruchsvollen Buch ist das etwas unbehaglich. Offensichtlich vermag es auch Cicero nicht, die Regeln, die sich in Jahrhunderten herausgebildet hatten, anders zu begründen, als durch die Versicherung, daß sie erfolgreich angewendet wurden.

›De oratore‹ ist in Dialogform geschrieben, und zwar in der Form des sog. aristotelischen Dialogs, d. h. also eines Dialogs, in dem die Teilnehmer in zusammenhängenden Abschnitten sprechen. Als Zeit wird das Jahr 91 fingiert; Cicero sagt, er habe das Gespräch von einem jüngeren Teilnehmer vernommen. Er verteilt es auf zwei Tage: Das gibt ihm die Gelegenheit, Teilnehmer verschwinden und andere erscheinen zu lassen, kaum zum Nutzen der Geschlossenheit.

Im Buch I stellt Crassus die Behauptung auf und verteidigt sie, die Beredsamkeit sei eine Wissenschaft und Kunst; der Redner bedürfe gründlicher Sachkenntnisse in Philosophie, Staat und Recht. Antonius

dagegen behauptet, der Redner könne die Philosophie gänzlich ent-
behren, und auch die übrigen Kenntnisse, wie Staatsrecht und Zivil-
recht, brauche er nur soweit, wie sie in gewöhnlichen Fällen erforderlich seien. Letzten Endes geht es also um die schon griechische Auseinandersetzung, ob die Rhetorik ἐπιστήμη oder bloß τέχνη sei. Im
II. Buch trägt Antonius nach einigen allgemeinen Bemerkungen über
den Beruf des Redners und nach der Feststellung, es gebe drei Arten
rednerischer Betätigung *(genus iudiciale, deliberativum, laudativum)*
die Lehre von der *inventio* vor. Die Betrachtungen über den Witz
überläßt er Caesar Strabo, der darin berühmt war. Antonius fährt
dann fort mit der Lehre von der Anordnung (*ordo, collocatio;* τάξις)
mit den Teilen *exordium, narratio, propositio* (Hauptfrage), *confirmatio* (Beweisführung), *peroratio* (Schluß) und der Lehre von dem Gedächtnis *(memoria)*. In Buch III macht Crassus zunächst einige Bemerkungen über die enge Verbindung, in der alle Zweige der Wissenschaft
und Kunst stehen, mit starker Betonung, daß es nur eine einzige Beredsamkeit gebe. Dann gibt er die Lehre von der Darstellung, insbesondere
über Schmuck und Schönheit; Voraussetzung dafür sind Sprachrichtigkeit und Deutlichkeit. Schließlich behandelt er den Vortrag *(actio)*.

Jeder Redner behandelt das, was ihm besonders am Herzen liegt.
Aber in den allgemeinen Erörterungen, insbesondere in der Darlegung,
der Redner müsse ein umfassend gebildeter Mann sein, ist deutlich zu
bemerken, daß Cicero in dem idealisierten Crassus ein Bild seines
Ideals und seiner selbst gezeichnet hat.

Über die Quellenfrage ist ein sicheres Urteil kaum möglich. Im gan-
zen zeigt ›De oratore‹ eine größere geistige Reife als ›De inventione‹;
›De inventione‹ ist ja eine Jugendschrift, während ›De oratore‹ im
Jahre 55 geschrieben ist. Unbestreitbar ist, daß Cicero nicht nur einem
Autor folgt und daß er vieles, insbesondere zur geistigen Begründung,
selbst beigetragen hat. Es mag auch stimmen, daß Cicero das meiste
von seinem Lehrer Antiochos von Askalon hat, den man jetzt als die
Hauptquelle ansieht. (Antiochos hat versucht, die philosophischen
Systeme dadurch zu überwinden, daß er zu zeigen versuchte, die akademische, peripatetische und stoische Schule stimmten im wesentlichen
überein.[39] [Bekanntlich konnten sich alle auf Sokrates berufen.] Das
eröffnet dem Schüler die Möglichkeit, sich nicht auf die Weisheiten nur
einer Schule zu verlassen.)

[39] Die die Gegensätze vereinigende Klugheit des Antiochos von Askalon
zeigt sich auch in der Feststellung, die ἀρετή *(virtus)* sei zwar zur εὐδαιμονία,
zur *vita beata,* ausreichend, zur *vita beatissima* allerdings gehörten auch die
äußeren, leiblichen Güter.

Die eigentliche Wiederaufnahme des rhetorischen Systems erfolgte aber nicht in der Schrift ›De oratore‹, die in ganz anderer, höherer Absicht geschrieben war, sondern in den ›Partitiones oratoriae‹, die wohl ein Jahr nach ›De oratore‹, im Jahre 54 verfaßt sind; Cicero hat sie für seinen Sohn und seinen Neffen geschrieben. Auch diese Schrift hat Dialogform. Wir wissen ja und sind schon in anderem Zusammenhang darauf aufmerksam geworden, daß der Dialog im Unterricht der Antike eine bedeutende Rolle spielte, und zwar der belehrende Dialog, nicht die echte Diskussion, die Gleichen vorbehalten ist. Die ›Partitiones oratoriae‹ enthalten: 1. *vis oratoris* (= *officia oratoris*), 2. *partes orationis*, 3. *quaestiones*, d. h. die Lehre von den Themen, dem Stoff. Da Cicero auf diese Schrift nie mehr zu sprechen kommt, ist die Vermutung nicht von der Hand zu weisen, die ›Partitiones oratoriae‹ seien nicht zur Veröffentlichung bestimmt gewesen. Es ist ein nur teilweise eigenständiges Werk, das auch gar nicht ein opus sui generis sein sollte, sondern rein praktische Zwecke verfolgte, also notwendigerweise das Brauchbare anderer, falls ihm nichts Besseres entgegengestellt werden konnte, verwertete. Ähnlich war es ja auch in ›De inventione‹, wo Cicero sich ausdrücklich dazu bekennt, wie oben schon bemerkt wurde. Eine Äußerung (40, 139) könnte darauf hinweisen, daß ein akademisches Handbuch zugrunde liegt. Doch der betreffende Satz besagt eigentlich nur, daß seiner Meinung nach alles in akademischem Geiste behandelt werden müsse: *expositae tibi omnes sunt oratoriae partitiones, quae quidem e media illa nostra Academia effloruerunt neque sine ea aut inveniri aut intellegi aut tractari possunt.*

Beinahe ein Jahrzehnt vergeht, bis Cicero sich abermals mit einer rhetorischen Schrift zu Wort meldet. Inzwischen hatte er ›De re publica‹ abgefaßt und war Proconsul in Kilikien gewesen; der Bürgerkrieg zwischen Caesar und den Optimaten bzw. Pompeius war entbrannt, die Schlacht bei Pharsalos geschlagen und Pompeius umgekommen. Cicero selbst war durch Caesar im Jahre 47 begnadigt worden — aber er war wieder ausgeschaltet aus der Politik.

Die rhetorischen Schriften Ciceros aus dieser Zeit folgen dicht aufeinander. Im Jahre 46 erscheint ›Brutus‹. Hauptunterredner ist Cicero selbst, die Zeit des Dialogs die Gegenwart des Jahres 46. Cicero begründet mit dieser Schrift sein Redner-Ideal historisch, indem er die Entwicklung der Beredsamkeit bis zum krönenden Abschluß, zu sich selbst, führt, so daß sein Redner-Ideal als die logische Folge der Entwicklung erscheint. Cicero konnte damit auch klar machen, daß es unsinnig ist, das Rad der Geschichte zurückzudrehen und, wie dies die Neu-Attiker taten, nur die Alten gelten zu lassen. Es ist auch klar, daß diese Bestrebungen an die Wurzeln und Lebensgrundlage von Ciceros Redekunst gegangen wären. Dazu kam noch, daß die Diktatur die Redekunst erstickte. Seine Geschichte der Rhetorik ist allerdings alles andere als eine erquickliche Lektüre: Interessant, gewiß — denn wir stehen staunend vor einer langen Liste von Namen, die mit bemerkenswerten Prädikaten versehen werden: Vielleicht treffen alle zu, vielleicht die meisten. Cicero hat uns die Geschichte der römischen Rhetorik mit seinen Augen sehen gelehrt, und wir können kaum etwas anderes tun, als ihm zu folgen, da wir seine Angaben wegen der mangelhaften Überlieferung selten kontrollieren können.

Cicero hat sich sogar daran gemacht, den praktischen Nachweis zu führen, daß die Neu-Attiker in die Irre gehen. Noch im Jahre 46 überträgt er die Kranz-Rede des Demosthenes und die parallele Rede des Aischines ins Lateinische, nicht Wort für Wort, wie aus Hieronymus epist. 57, 5, 2 hervorgeht und wie es überhaupt Sitte der Antike war. Von dieser Übertragung ist sowenig wie von anderen Übersetzungen Ciceros vorhanden. Aber wir besitzen noch die dazu geschriebene Einleitung, aus der auch der Zweck hervorgeht: Cicero will zeigen, daß auch Demosthenes zu den Attikern gehörte (Cicero macht sich einer mißlichen Vermengung von Geographie und Stil schuldig) und daß erst in ihm sich die attische Beredsamkeit voll entfaltet habe. Dieses Vorwort trägt jetzt den Titel ›De optimo genere oratorum‹. Die Echtheit anzuzweifeln, dafür gibt es keinen vernünftigen Grund.

Die Neu-Attiker und vielleicht auch das neue Geschlecht, dem das forum nicht mehr der Mittelpunkt der Welt war, müssen Cicero schwer zu schaffen gemacht haben, wie er ja tatsächlich (siehe Tacitus' ›Dialogus‹) später nicht unumstrittenes Rednervorbild gewesen ist. Daher zeigt er, ebenfalls im Jahre 46, noch einmal sein Bild des Redners auf, im ›Orator‹; wiederum Brutus gewidmet, und in der Absicht, diesen von den Attikern abtrünnig zu machen. Der gute Redner müsse für jeden Komplex den rechten Ton treffen, daher über alle Stilarten verfügen. Der erste Teil des Satzes ist zweifellos richtig, aber der zweite Teil dürfte auf einem Irrtum beruhen: Auch Leidenschaft kann man mit einfachen Worten ausdrücken.

Wie die ›Partitiones oratoriae‹ sind auch die ›Topica‹ (Ad C. Trebatium Topica) ein Widerschein akademischer Schulrhetorik. Wieweit die einrahmende Geschichte literarische Erfindung ist, ist kaum zu entscheiden: Die Behauptung, das Büchlein sei auf einer Seereise von Cicero geschrieben, gilt vielen als „Vorwand". Man glaubt, daß auch die ›Topica‹ auf Antiochos von Askalon zurückgehen, wenn auch

Cicero vielleicht selbst der Ansicht war, er gebe die aristotelischen
›Τοπικά‹ wieder. Kroll (RE VII A, 1103) meint, Cicero habe die Aristotelische Schrift „gewiß nie gesehen". Vorsichtiger Schanz-Hosius
(I 469): Cicero habe die Schrift wirklich während einer Seereise verfaßt, er habe aber kein Buch zur Hand gehabt und alles aus dem
Kopf zusammengeschrieben. — Der Inhalt befaßt sich mit den τόποι,
loci, d. h. den Fundstätten der Beweise, die nach alter Weise in
ἔντεχνοι und ἄτεχνοι πίστεις eingeteilt werden, d. h. Beweisen aus der
Sache selbst und solchen, die von außen kommen. Das stimmt mit ›De
oratore‹ II 163—173 zusammen. Ein Anhang befaßt sich mit der
στάσις-Lehre (die schon in ›De oratore‹ und ›Partitiones oratoriae‹
behandelt war) und anderen Dingen, die zu einer Einleitung in die
Rhetorik gehören könnten.

Dieses im Juli 44 geschriebene Werk ist die letzte rhetorische Schrift
Ciceros. Glücklicherweise kann man die mäßig komponierte Abhandlung nicht Ciceros schriftstellerisches Vermächtnis nennen. Die chrono-
logische Einordnung der im Jahre 44 geschriebenen Werke ist nicht
ganz einfach. Vor Caesars Ermordung steht sicher ›Cato maior‹; ›De
devinatione‹ lag bei Caesars Tod fast fertig vor (wie das Prooemium
des II. Buches beweist); ›De fato‹ gehört in die Zeit kurz nach Caesars
Tod; ›Laelius‹ dürfte wie die ›Topica‹ im Sommer entstanden sein;
schließlich folgt ›De officiis‹. Danach stehen nur noch die Philippischen
Reden, deren erste am 2. September 44, die letzte am 21. April 43 gehalten wurde.

Damit haben wir die Geschichte der römischen Rhetorik bis zu ihrem
Höhepunkt, Cicero, geführt. In der Antike wurde nie mit dauerndem
Erfolg bestritten, daß Cicero den Höhepunkt der römischen Beredsamkeit bildet. Quintilian ist sicher systematischer, Seneca der Ältere bietet
echte Exempla, die Cicero nicht gibt, aber keiner hat so große Wirksamkeit entfaltet wie Cicero, der glanzvolle Endpunkt einer Epoche,
in der noch die Redekunst Triumphe feiern konnte.

In der Kaiserzeit mußte sich die Rhetorik in die Schule zurückziehen.
QUINTILIAN, geboren um 30 n. Chr. in Calagurris in Spanien (jetzt
Calahorra), gestorben zwischen 95 und 100, der erste staatlich besoldete Professor der Beredsamkeit (s. auch Anm. 40), faßt in seinem voll-
ständig erhaltenen Werk ›Institutionis oratoriae libri XII‹ noch
einmal zusammen, was bisher erarbeitet war. Quintilian ist Cicero-
Anhänger und -Verehrer. Aber die Fortentwicklung konnte auch er
nicht aufhalten. Quintilian hielt selbst Reden vor Gericht, doch nur
eine einzige hat er selbst, zu seinem späteren Bedauern, veröffentlicht.
Andere Reden wurden nach stenographischen Aufzeichnungen publi-

ziert, von denen er sich aber distanzierte. Nichts davon ist noch vorhanden. Besonders schade ist, daß zwei Lehrgänge, die ebenfalls nach stenographischen Nachschriften gegen den Willen des Autors herausgegeben wurden, verloren sind: Der Schulbetrieb Quintilians und seiner Zeit stünde uns deutlicher vor Augen. Quintilian suchte das Erreichte zu bewahren und kämpfte gegen die Auswüchse der Rhetorik. Den Niedergang der Beredsamkeit hatte er in einer eigenen Schrift ›De causis corruptae eloquentiae‹ zu analysieren versucht. Leider ist sie verloren, aber den Grundgedanken können wir aus der großen Lehrschrift rekonstruieren: Schuld an dem Niedergang sind die Deklamationen der Rhetorenschulen mit ihren sinnlosen Themen und ihrem gekünstelten, kraftlosen Stil, kurz ihrer Abkehr von Cicero. Ist Quintilian mit dieser Schrift auch Vorläufer des Taciteischen ›Dialogus de oratoribus‹, so ist doch der Unterschied evident: Quintilian setzt die Verderbnis voraus und zeigt die Ursache auf, natürlich um sie zu bekämpfen, Tacitus dagegen läßt verschiedene Richtungen zu Wort kommen. Sein Messalla führt differenziertere Gründe an: Nicht verkennt er den schlechten Einfluß des Schulbetriebs, aber der Hauptgrund ist ihm die veränderte Erziehung der Jugend, daneben die politische Lage, in der die republikanische Freiheit in monarchische Unterdrückung verkehrt war. Den Verteidigern der älteren Beredsamkeit war, im Gegensatz etwa zum Aper des Taciteischen ›Dialogus‹, die Tatsache der corrupta eloquentia offenbar gar nicht mehr strittig. Selbst einem so gemäßigten Manne wie Maternus bei Tacitus ist die Sache selbst nicht zweifelhaft; er fragt nur danach, warum die eloquentia so heruntergekommen sei, obwohl doch seit Cicero noch gar keine so lange Zeit verstrichen sei (24, 3).

Quintilians großer Lehrgang der Beredsamkeit ›Institutionis oratoriae libri XII‹ ist die Frucht 20jähriger Lehrtätigkeit und geht weit über eine übliche Lehrschrift hinaus. Die ›Institutio‹, herausgegeben etwa im Jahre 95, ist nicht nur eine Unterweisung in der Rhetorik, es geht darin um die Erziehung überhaupt — und die hatte ja in der Tat die Rhetorik übernommen. Der Lehrgang schreitet von der elementaren Ausbildung (I. Buch) über die Anfangsgründe des rhetorischen Unterrichts (II. Buch) und den eigentlichen rhetorischen Lehrgang (III.—XI. Buch, davon III.—VII. Erfindung und Anordnung des Stoffes, VIII., IX. und XI. Ausdruck, Memorieren, Vortrag) zum Ideal des vollkommenen Redners (XII. Buch). Eingelegt ist als X. Buch ein Leitfaden der griechischen und römischen Literaturgeschichte, motiviert durch die Aufgabe, dem Redner eine Grundlage für seine Lektüre zu geben. — Obwohl ciceronianisch, klassizistisch durch und durch[40], nimmt Quintilians Hauptwerk doch Rücksicht auf den Schulbetrieb.

In den einschlägigen Teilen dieses Werkes wird öfters die lateinische Übersetzung eines Lehrbuches des Gorgias von Athen, des Lehrers von Ciceros Sohn Marcus, zitiert. Sie stammt von dem sonst unbekannten P. RUTILIUS LUPUS. Doch von den 4 Büchern sind nur die 2 über die Wortfiguren (wie Isokolon, Prolepsis, Homoioptoton) erhalten, die beiden über die Sinnfiguren (wie Allegorie, Ironie) verloren.

Reine Schulberedsamkeit war die Produktion SENECAS DES ÄLTEREN (geboren 55 v. Chr. in Corduba, gestorben etwa 40 n. Chr.). Seine ›Controversiae‹ (74 Rechtsfälle enthaltend) und ›Suasoriae‹ (mit 7 Stücken), erstere das genus iudiciale, letztere das genus deliberativum vertretend, sind nämlich alles andere als echte Gerichts- oder Staatsreden. Das Werk ist eigentlich eine Anthologie bedeutender zeitgenössischer Redner. Mit einem beinahe unglaublichen Gedächtnis ausgestattet (er behauptet, in seiner Jugend habe er zweitausend Namen in der gleichen Reihenfolge, wie sie gesagt waren, und über zweihundert Verse in umgekehrter Reihenfolge hersagen können: contr. 1 praef. 11) ging er, obwohl selbst Ciceronianer, in hohem Alter daran, charakteristische Stücke der Redner, die er gehört hatte, aufzuzeichnen. Es sind später noch viel benützte[41] Schul- und Musterreden, nicht für das forum oder den Gerichtssaal, nur für die Schule. *non vitae sed scolae discimus* klagte sein Sohn Seneca, der Philosoph. Für die einzelnen controversiae wird der Fall erst konstruiert.

Musterreden sind auch zum öffentlichen Vortragen geeignet. 'Konzertredner' hat man nicht zu Unrecht die mit ähnlichen Reden öffentlich auftretenden Rhetoren genannt. Wenn man sich daran erinnert, daß öffentliche Dichterlesungen schon am Ende der Republik veranstaltet wurden (am 25. Oktober 39 v. Chr. durch C. Asinius Pollio eingeführt; z. Z. Ovids bereits selbstverständlich; auch Tragödien wurden gelesen, wie sich im Taciteischen ›Dialogus‹ nachlesen läßt), so ermißt man den Rang, den die Rhetorik sich zumaß und der ihr offensichtlich auch zu-

---

[40] Man kann kaum besser als Quintilian die klassische Rhetorik lehrend umfassen. Ein dringendes Desideratum ist daher ein moderner aufschlüsselnder Index zur ›Institutio oratoria‹, der die terminologischen Schwierigkeiten bewältigt ohne ins Uferlose auszuarten und die Termini aller Zeiten und Autoren zusammenzuwerfen. Dies soll nun im Index zur zweisprachigen Quintilian-Ausgabe geleistet werden (Clavis Quintilianea, i. Verb. mit Helmut Rahn verf. von Eckart Zundel, Wissenschaftliche Buchgesellschaft).

[41] Aus den Controversiae wurde ein Auszug gemacht. Von dem ursprünglichen Werk sind größere Teile verloren.

gestanden wurde: Sie tritt gleichberechtigt der Poesie gegenüber. (Das ist ein weiterer Punkt, der uns warnen sollte, 'Rhetorik' in einem poetischen Werk von vornherein als minderwertig abzuqualifizieren; die Antike jedenfalls tat es nicht.) Die öffentliche Darbietung kunstvoller Reden bedeutet jedoch keineswegs einen Bruch mit der Vergangenheit. Man denke nur daran, daß Cicero die gehaltenen Reden zu überarbeiten pflegte, bevor er sie (ebenfalls als Musterreden!) publizierte[42]. Auch PLINIUS DER JÜNGERE (geboren 61/62 in Novum Comum am Comer See, gestorben vor 114), von dessen rhetorischer Tätigkeit wir nur noch den Panegyrikus auf Trajan besitzen (nicht aber seine Gerichtsreden), hat seine Reden unter Benützung der Anregungen von Freunden und Bekannten mehrfach umgearbeitet, bevor er sie öffentlich rezitierte. Es würde zu ihm passen, daß er es war, der den Brauch, Reden, losgelöst von ihrem ursprünglichen Zweck, öffentlich vorzutragen, erst so recht in Übung brachte; an Selbstgefälligkeit hat es ihm sicher nicht gefehlt. (Auch seine Briefe sind, anders als die Ciceros, nicht allein für den Empfänger, sondern auch für die Nachwelt bestimmt.) Immerhin hatten Plinius' Reden tatsächliche Vorfälle zur Grundlage. Dagegen ist beklemmend zu sehen, wie bei Seneca Rechtsgrundlagen und Gesetze, die weder römisch noch griechisch sind, und Tatbestände, die möglichst absurd sind, fingiert werden, um daran den Scharfsinn und die Redefertigkeit zu erproben; z. B. VI 8 (aus den Excerpta der ›Controversiae‹: *Virgo Vestalis scripsit hunc versum: Felices nuptae! moriar nisi nubere dulce est. — rea est incesti.* — Oder contr. I 5: *Rapta raptoris aut mortem aut indotatas nuptias optet* (dies das 'Gesetz'). *Una nocte quidam duas rapuit. altera mortem optat, altera nuptias.*

Von gleicher Art sind zwei Sammlungen von Deklamationen, die unter Quintilians Namen gehen, wohl aber aus der Zeit 1./2. Jahrhundert sein dürften.

Den Betrieb der Konzertrednerei charakterisiert bissig Petron gleich am Anfang des erhaltenen Stückes seines Romans ›Satyrica‹. Das öffentliche Auftreten solcher Redner war nichts weiter als pathetische Schönrednerei. Ungewöhnliche Wörter und Verbindungen, über-

---

[42] Cicero übersandte dem verbannten Milo seine überarbeitete Rede nach Massilia, wofür sich dieser ironisch bedankte: Es sei ein Glück, daß Cicero nicht vor Gericht so gesprochen habe, denn sonst könnte er jetzt nicht so gute Seebarben essen (Cass. Dio XL 54, 3 f.). Calenus bei Cass. Dio XLVI 7, 3 zu Cicero: „Glaubst du, es sei jemandem unbekannt, daß du keine deiner gepriesenen Reden so gehalten hast, wie du sie herausgegeben hast, sondern daß du sie erst später schriftlich ausgearbeitet hast?"

raschende Metaphern und Sentenzen wurden gesucht, alltägliche Wörter gemieden (außer es ließ sich besondere Wirkung damit erzielen). Daneben stehen langatmige Schilderungen und die Lust an Figuren und Gemeinplätzen. Die meisten Prozeßredner, sagt Messalla bei Tacitus, dial. 26, 2 f., benähmen sich in Redeweise und Auftreten wie Schauspieler: ... *ut lascivia verborum et levitate sententiarum et licentia compositionis histrionales modos exprimant;* sie brüsteten sich damit, daß ihre Texte gesungen und getanzt würden, weshalb der boshafte Ausspruch aufgekommen sei, *oratores nostri tenere dicere, histriones diserte saltare.*

Der Rückzug der Rhetorik aus dem Gerichtssaal in die Schule wird beleuchtet durch Tacitus dial. 19, 5: Die Richter, heißt es da, nähmen jetzt nicht mehr hin, was der Redner an Zeit in Anspruch nehmen wolle, sondern sie selber bestimmten die Redezeit, und sie unterbrächen den Redner oft, wenn er abschweifen wolle, und ermahnten ihn, zur Sache zu reden, und sie gäben ihm zu verstehen, sie seien in Eile. — Kann man sich vorstellen, daß unter diesen Voraussetzungen die weit ausladende Ciceronianische Beredsamkeit gedeihen könnte? Ist es verwunderlich, daß diese sich in die Schön- und Festrednerei zurückzog? Wer hält noch die *immensa volumina* aus, sagt Aper bei Tacitus (dial. 20, 1), die wir über *exceptio* und *formula* in den Reden Ciceros ›pro M. Tullio‹ oder ›pro Aulo Caecina‹ lesen? Die Gründe des Verfalls der Beredsamkeit brauchte man nicht mit der Lupe zu suchen!

Nun sind wir mit dem Schulbetrieb arg ins Gericht gegangen. Der Gerechtigkeit zuliebe sei aber betont, daß der sog. Rhetorik-Unterricht beinahe die gesamte Bildung umfaßt, mit Ausnahme der Naturwissenschaft, der Mathematik und der Musik, vergleichbar etwa dem guten oder besser gesagt schlechten alten Aufsatzunterricht, wohlgemerkt nicht nur in Deutschland, der ebenfalls meinte, er könne lehren, über alles zu reden bzw. zu schreiben, und dabei die Fertigkeit darin mit gesichertem Wissen verwechselte.

Zahlreich sind die Redner und Rhetoren der Kaiserzeit, von denen wir zufällig noch hören, zahllos die, deren Namen sogar in Vergessenheit geraten sind: Es hat aber keinen Sinn, Namen herzuzählen. Und einer Prosopographie gleich käme es, wollten wir die Männer nennen, die durch die Rhetorenschule gegangen sind[43]. Bloße Namen sind für

---

[43] Bei Seneca, controv. II 2, 8 ff. steht die lesenswerte Charakteristik Ovids, der Hörer der Rhetoren Arellius Fuscus und Porcius Latro war: Ovid habe als guter Deklamator gegolten, für Controversiae aber habe er wenig übrig gehabt und überhaupt die argumentatio nicht gemocht.

uns fast alle Rhetoren, die der Index nennt, der der Mehrzahl der
Handschriften von SUETONS ›De grammaticis et rhetoribus‹ vorange-
stellt ist. Beklagenswert ist der beinahe vollständige Verlust der bio-
graphisch ausgerichteten Kurz-Literaturgeschichte Suetons ›De viris
illustribus‹. Von den rhetores werden darin vorgestellt: PLOTIUS GAL-
LUS, L. VOLTACILIUS PILUTUS, M. EPIDIUS, Sex. CLODIUS, C. ALBUCIUS
SILUS (s. u.); noch vor dem Ende der letztgenannten Kurz-Biographie
bricht der erhaltene Teil ab. Es müßten nach dem Index noch elf
Rhetoren folgen. Aus Seneca dem Älteren könnte man eine Liste von
beinahe dreißig Namen aufstellen, die durch Beispiele erhellt sind:
T. LABIENUS und CASSIUS SEVERUS gehören noch teilweise der alten
Beredsamkeit an; beide machten sich mißliebig, ihre Schriften wurden
indiziert (Tac. dial. 19: *qui usque ad Cassium Severum fuit* werde von
den Bewunderern der Alten zu den guten Rednern gezählt); M. POR-
CIUS LATRO [44], ARELLIUS FUSCUS, C. ALBUCIUS SILUS und L. IUNIUS
GALLIO gelten Seneca als die vier Berühmtesten seiner eigenen Zeit, während PASSIENUS der Ältere (gestorben 9 v. Chr.) für ihn der beredteste
Mann der kurz vorhergehenden Zeit ist. Am deutlichsten sind uns noch
die von Tacitus in seinen ›Dialogus de oratoribus‹ eingeführten Redner
(s. auch o. S. 67): CURIATIUS MATERNUS war ursprünglich Advokat,
wandte sich dann aber, verzweifelnd an den Möglichkeiten wahrer
Redekunst unter den derzeitigen politischen Verhältnissen, ganz der
Tragödiendichtung zu. (Er rezitierte seine Stücke selbst.) M. Iulius
(oder Flavius) APER (geb. um 35 n. Chr.) ist glühender Verfechter der
neueren Beredsamkeit. Er und der ebenfalls im ›Dialogus‹ erscheinende
IULIUS SECUNDUS sind Lehrer des Tacitus, der selbst in seiner Jugend
ein hervorragender Redner war. Gegenspieler des Aper als Lobredner
der alten Beredsamkeit ist VIPSTANUS MESSALLA, der die Gründe des
Verfalls besonders in der modernen nachlässigen Jugenderziehung
sieht. Diese Männer sind allerdings mehr aktive Redner als Rhetorik-
Lehrer. Überhaupt ist es bei dem Fehlen ausführlicherer Berichte oft
schwer, zwischen Rednern und Rhetorik-Lehrern zu unterscheiden.
Selbstverständlich sind die Rhetorik-Lehrer auch öffentlich aufgetreten
wie umgekehrt alle Redner allein schon durch ihre Redeweise wenigstens programmatisch wirkten: Man konnte damals wohl kaum als
Redner auftreten ohne sich gewollt oder ungewollt durch den Stil zu
einem Programm bzw. einer Schule zu bekennen.

---

[44] Von Porcius Latro heißt es bei Quintilian inst. or. X 5, 18: *qui primus
clari nominis professor fuit. — professores* werden, etwa seit Quintilian, alle
genannt, die eine Lehrtätigkeit ausüben; im Rückblick werden sogar Männer
der älteren Zeit so bezeichnet, auch von Quintilian.

Wenn die Redekunst geschätzt wird, muß es auch Rhetorik-Lehrer geben. Berühmt waren damals: VERGINIUS FLAVUS, der auch ein Lehrbuch verfaßte, das Quintilian lobend erwähnt. Er war der Rhetorik-Lehrer des Dichters Persius. Auch bei Tacitus (ann. XV 71) und in dem Verzeichnis Suetons wird er genannt. Selbstverständlich gab es noch eine ganze Anzahl von Lehrbuchautoren: Bei Quintilian handelt der Anfang des III. Buches seiner ›Institutio oratoria‹ über die *„scriptores artis rhetoricae"*, wo die bedeutenderen griechischen und römischen Verfasser bis auf seine Zeit genannt sind. Denn notwendigerweise haben auch die antiken Lehrer ihrem Unterricht Lehrbücher zugrunde gelegt; dabei konnten sie nicht nur die benützen, die für den Gebrauch in der Schule verfaßt waren, sondern auch solche, die — angesichts der Involvierung der gesamten Bildung in den Rhetorik-Unterricht — für ein größeres Publikum bestimmt waren, wozu auch die rhetorischen Werke Ciceros und Quintilians gehören. Für die Schulstuben muß es eine Unzahl von Lehrbüchern gegeben haben, die die Lehrer, unzufrieden wie immer mit vorhandenen Lehrbüchern, oft nur als Hilfsmittel für den eigenen Gebrauch zusammengeschrieben hatten. Davon haben manche einen weiteren Kreis erfaßt; doch sind sie im wesentlichen Kompilationen aus älteren Werken, meist verkürzt und leichter faßlich gemacht und der jeweils bevorzugten Stilrichtung angepaßt.

Noch dem 1. Jahrhundert gehören an P. CLODIUS QUIRINALIS und ANTONIUS LIBERALIS, von denen wir aus Notizen des Hieronymus wissen, und der von Hieronymus und Tacitus erwähnte, in Gallien lehrende Sex. IULIUS GABINIANUS (alle drei stehen auch im Index Suetons; aus Sueton schöpfte Hieronymus seine Kenntnisse über sie). „Wer von den Schulrednern *(scholastici)* genießt nicht seine Einbildung, sich vor Cicero, allerdings aber hinter Gabinianus einzureihen?" sagt Messalla bei Tac. dial. 26, 8; er bestätigt damit die überaus hohe Wertschätzung, die dieser Redner, unter Herabsetzung der älteren einschließlich Ciceros, genoß.

DIE RHETORIK VOM 2. JAHRHUNDERT AN

In der hadrianischen Zeit erfuhr die griechische Rhetorik einen großen Zuwachs an Ansehen, angeführt vom Kaiser selbst (Hadrian 117—138). Es ist die erste Blütezeit der sog. '2. Sophistik'[45], der man im Gegensatz zur ersten Sophistik nur wenig Unrecht tut, wenn man sie beschuldigt, daß die Eleganz der Form (was auch immer darunter zu verstehen ist, Schwulst oder Glätte, Feinheit oder Pathos) die gedankliche Kargheit verhüllte. Hauptvertreter der 2. Sophistik sind: HERODES ATTICUS (101—177), der als reichster Mann der Antike gilt, seinen Reichtum aber zu großen Stiftungen in der griechischen Welt benützt hat. (Von ihm sind z. B. in Athen das Stadion in Marmor und das Odeion.) Zu seinen Lehrern und Freunden zählten u. a. FAVORINUS und POLEMON von Laodikeia (über diese s. auch unten). Er hatte zahlreiche Ämter in Griechenland, er durfte sich *amicus* Hadrians nen-

---

[45] Es ist hier nicht der Ort, den vielschichtigen Komplex der sog. '2. Sophistik' darzustellen, zumal der Name m. E. recht unglücklich ist: Man sah in den vorsokratischen 'Sophisten' die Kunst der Rhetorik am Werk und sah die Jugend in ihrer Schule, also genau das, was als hervorstechender Zug der neuen Bildung zutage lag. Übersehen ist dabei allerdings die grundlegende Andersartigkeit der beiden Phänomene. Pointierend, wohl auch vergröbernd kann man sagen: Die '1. Sophistik' ist Wissenschaft, experimentelle und spekulative; in der Ethik stellt sie das Herkömmliche in Frage, in der Logik untersucht sie die Tragfähigkeit der Begriffe, sie experimentiert mit der Logik und entwickelt die Dialektik — die '2. Sophistik' ist sammelnd, enzyklopädisch, sie hat feste Normen und ethische Prinzipien; in der Rhetorik liegt der Akzent weniger auf rationalen als auf emotionalen (daher die „Schönrednerei") Erregungen. (Auf einem Teilgebiet: Nicht harte Paradoxa, sondern Überraschungseffekte waren gefragt.) — Einige Stichworte: Die erste Blütezeit der '2. Sophistik' rechnet man vom 2. nachchristlichen Jahrhundert bis zur 1. Hälfte des 3. Jahrhunderts (Hadrian; in Smyrna ist eine der glänzendsten Schulen, wo u. a. Polemon von Laodikeia wirkt; Herodes Atticus; Aelius Aristeides). Als zweite Blütezeit gilt die Zeit nach dem kulturellen Niedergang des 3. Jahrhunderts, also vom 4. Jahrhundert an (Iulianos Apostata; Libanios von Antiocheia; dann die Christen Gregor von Nazianz, Basileios, Johannes Chrysostomos; Aufblühen der Schule von Gaza).

nen und war im gleichen Jahr wie Fronto Consul (143), und wie
Fronto war er (während seines Aufenthalts in Rom) Lehrer der kaiser-
lichen Prinzen. Zahlreich war seine Anhänger- und Schülerschaft.
Trotzdem und obwohl darunter bedeutende Schüler waren (auch
Gellius und Aelius Aristides gehörten zu ihnen), büßte er durch sein
übertriebenes Streben nach Attizismus — sein Vorbild ist der Sokrates-
Schüler Kritias — schon in der folgenden Generation an Wirkung ein.
Erhalten ist von ihm nur eine Rede, deren Echtheit aber nicht unbe-
stritten ist.

Einer der Schüler des Herodes Atticus war A. AELIUS ARISTIDES
(gest. 189). Er galt bis in die Zeit des Humanismus als vorbildlicher
Attizist. Daher sind noch 53 Reden über ganz verschiedene Dinge
(einschließlich Prosahymnen auf Götter) erhalten. Unecht dagegen
dürften zwei weitere Reden und zwei rhetorische Schriften sein, die
unter seinem Namen erhalten sind.

Zu den bedeutendsten Rednern dieser Zeit gehören der schlagfertige,
aber etwas überhebliche POLEMON von Laodikeia (etwa 88—144), der
„phrygische Demosthenes", wie ihn Herodes Atticus nennt, und der
auch philosophisch interessierte FAVORINUS aus Arles (etwa 80—150),
der in beiden Sprachen brillant zu reden verstand. Die Verfeindung
mit Polemon trug ihm zeitweilige Verbannung ein: Seine Schrift darüber ›Περὶ φυγῆς‹ ist z. T. auf Papyrus erhalten. Außerdem gibt es
noch drei Reden, als deren Verfasser Favorinus aber nicht unangefoch-
ten ist. Zu seinen Freunden gehörten Herodes Atticus, Plutarch, Gellius
und Fronto.

Lehrer des Favorinus war DION von Prusa, der später CHRYSOSTO-
MOS ('Goldmund') genannt wurde (um 40 n. Chr. zu Prusa in Bithy-
nien geboren). Domitian hatte ihn verbannt, Traian dagegen seiner
persönlichen Bekanntschaft für wert befunden. Obwohl er Prusa durch
Bauten schmücken wollte, kam es zu Anfeindungen und schließlich zu
Anklage und Prozeß im Jahre 110/111. Richter war der jüngere Plinius als Proconsul: Dessen Voruntersuchung liegt epist. X 81 (an
Traian) und 82 (Traians Antwort) zugrunde. Dion Chrysostomos
war, obwohl der berühmteste Redner seiner Zeit, beinahe noch
mehr der ethischen Philosophie zugetan. Daher könnten die 80 uns
noch vorliegenden Reden (2 davon werden allerdings seinem Schüler
Favorinus zugeschrieben) als kynisch-stoische Diatriben bezeichnet
werden.

Mit Favorinus befreundet war die, wenigstens in lateinischem Bereich, wirkungsmächtigste Gestalt des 2. Jahrhunderts, M. CORNELIUS
FRONTO, geboren um 100 in Cirta in Numidien, gestorben nach 175.

Er gehört zu den sog. 'Archaisten'[46]. Diese hatten nur noch Interesse an älteren Wörtern, Formen und Konstruktionen sowie an den älteren Autoren; folglich auch nur an der Rhetorik eines Cato, der als Muster schlechthin galt, und dann an Schriftstellern bis höchstens in die vorciceronische Zeit hinauf (zu den Archaisten vgl. auch oben S. 58). Sallust war geschätzt, weil man bei ihm alte Wortformen fand. Cicero war weniger Vorbild als notwendiges Übel: Man konnte ihn nicht ganz übergehen, schon deshalb nicht, weil er für wichtige Gedanken die lateinische Sprache erst geschmeidig gemacht hatte. Selbst die Bewunderung konnte man ihm nicht ganz versagen, wenn man auch längst an ihm herumgemäkelt hatte[47]. Fronto ist zweifellos ein Stilkünstler von natürlicher Begabung. Er galt als der größte Redner nach Cicero. Leider können wir ihn nur noch nach Briefen, die ebenfalls nicht alle erhalten sind, beurteilen. Doch wäre es unrichtig, hier einen Vergleich mit Cicero zu ziehen: Dessen Briefe sind oft schnell hingeworfene Billets, die weder zur Ausarbeitung geschaffen noch zur Überlieferung bestimmt waren, so daß wir von dem Stilisten Cicero nur einen schwachen Abglanz hätten, wären wir auf die Briefe angewiesen. Ein Phänomen eigener Art ist es, daß Fronto die Briefe Ciceros höher schätzte als seine Reden. Seine eigenen Briefe sind als kleine Kunstwerke gedacht; der gefeierte Rhetor wollte sich keine Blöße geben. An Eitelkeit steht er den griechischen Vertretern der 2. Sophistik in nichts nach. Aber wie sollten diese Leute auch nicht von sich eingenommen sein, da man nicht müde wurde, ihre Bedeutung zu rühmen? Frontos Anständigkeit aber konnten auch seine Gegner nicht bestreiten. Seine stilistische Begabung war durch Manieriertheit, dem Streben nach Besonderem verbogen. Die gelegentliche Verschrobenheit und Geschmacklosigkeit als Schriftsteller bringen seine Verteidiger heute noch in Verlegenheit. Anhänger aber wird er wohl jetzt nicht mehr haben, ganz anders als zu seiner Zeit, in der er von seinen Schülern verehrt wurde, nicht nur als Meister, sondern auch als väterlicher Freund. Die Wertschätzung, die er genoß, zeigt sich schon darin, daß er nicht nur Consul war, sondern daß ihn Hadrian auch zum Erzieher der kaiserlichen Prinzen bestimmte: Man denkt sofort an Herodes Atticus (s. o. S. 74). Die schulmeisternden Rhetoren hatten die höch-

---

[46] W. Lebek, Verba prisca. Die Anfänge des Archaisierens in der lateinischen Beredsamkeit und Geschichtsschreibung, Hypomnemata 25, 1970.

[47] Schon zeitgenössische Redner hatten ihn *solutum et enervem* ('lahm und kraftlos'), so Calvus, oder *fractum atque elumbem* ('schlapp und lendenlahm'), so Brutus, genannt: Aper bei Tacitus dial. 18, 5 zitiert diese Äußerungen mit Genuß.

sten gesellschaftlichen Sprossen erreicht. Frontos Einfluß ging wesentlich weiter als der des nur kurz in Rom anwesenden Herodes Atticus. Die Tatsache, daß die lateinische Rhetorik einen so bedeutenden Vertreter hatte, wirkte sich auf diese günstig aus, so daß sie das an die griechische Rhetorik verlorene Terrain wenigstens teilweise zurückgewinnen konnte.

Von Frontos umfangreicher Produktion beschäftigten sich zwei Abhandlungen mit Rhetorik, die eine über den Wert der Beredsamkeit im Vergleich mit der Philosophie, die andere war ›De orationibus‹ betitelt. Von allen seinen Schriften sind, bis auf einen Teil der Briefe, nur wenige Stücke erhalten. Vieles, so z. B. ausgearbeitete Reden, fehlt ganz.

Wir dürfen wohl annehmen, daß Frontos Reden besser waren als die meisten, die in der Kaiserzeit mehr oder weniger geschickt produziert wurden. Es gab eine Unmasse von Gelegenheitsreden, Glückwünsche zu Hochzeiten, Geburtstagen, Grüße bei Abschied und Ankunft, Trauerreden u. v. a. Wenn man daran denkt, wieviele Gedichte heute noch in einem einzigen Jahr hervorgebracht werden, wird man sich hüten, die Masse solcher Erzeugnisse in der damaligen Zeit zu unterschätzen, vor allem die Masse der Reden: Rhetorik wurde sogar in der Schule gelehrt. Wie nicht jeder, der Verse macht, ein Dichter ist, so ist nicht jeder, der Reden hält, ein Redner. Weil wir so schlecht daran sind, freuen wir uns über jedes Stück, das auftaucht. Hätten wir alles, müßten wir die Auswahl, die die Überlieferung besorgte (allerdings mit recht unzarter Hand — man kann nicht behaupten, daß sie immer nur das Beste bewahrt hat), selbst vornehmen. Vieles ist mit Recht in Vergessenheit geraten. Da trifft es sich gut, daß wir eine Sammlung von 12 Panegyrici in einer Mainzer Handschrift haben, die natürlich nach Meinung des Exzerptors vorbildliche Preisreden enthält. Der erste Panegyricus ist der des Plinius auf Traian vom Jahre 100 (s. o. S. 69), aber die anderen sind spätere: Sie umfassen genau die 100 Jahre von 289 bis 389 (Maximian bis Theodosius). Es sind Exempla einer Gattung; bei weitem nicht die einzigen übrigens, denn es sind noch andere, z. B. solche des Symmachus und aus späterer Zeit ein Panegyricus des Ennodius auf Theoderich erhalten. Ausgestorben ist die Preisrede überhaupt nie.

Das Genos der Panegyrici leitet sich aus den klassischen Fest- und Preisreden her (wie sie z. B. bei Gorgias, Lysias, Isokrates vorkommen), gehört also zum γένος ἐπιδεικτικόν. Für das Rühmen hatte Rom, das zu den erstrebenswerten Idealen die *gloria* zählte, ein Ohr. Von den Anfängen, die bis auf die alte laudatio funebris zurückreichen, über die gelegentliche Lobpreisung des Herrschers (dazu gehören auch Ciceros [verlorene] laudationes und manches bei den augusteischen Dichtern: also nicht nur Reden!) wird der Terminus allmählich eingeengt auf die Lobpreisung des regierenden Kaisers. Der Panegyricus wird zur üblichen Kaiserhuldigung und zu einer eigenen Gattung, enthaltend eine Mischung aus überschwenglichem Lob tatsächlicher und angeblicher Verdienste und der Verklärung des Herrscherideals, das auf den Kaiser, als sei es gerade in ihm reinstens verkörpert, projiziert wird.

Die rhetorischen Schriften Frontos sind keine Lehrbücher im engeren Sinn gewesen, sondern stellten allgemeinbildende, philosophische Ansprüche. Zum praktischen Gebrauch nützlicher waren die immer noch und bis in die Spätantike (die Kulturgeschichte der Kaiserzeit ist ohne die Schulrhetorik überhaupt nicht zu erschließen) emporschießenden Lehrbücher (die Reste in den ›Rhetores Latini minores‹). Hierher gehört des AQUILA ROMANUS Figurenlehre ›De figuris sententiarum et elocutionis‹ aus dem 3. Jahrhundert (*figurae sententiarum* sind die 'Gedankenfiguren', *f. elocutionis* gehören zur Ausgestaltung der Rede). Sie geht auf den Griechen ALEXANDROS NUMENIU des 2. nachchristlichen Jahrhunderts zurück. Ein anderes vielbenütztes Buch ist die Schrift des IULIUS RUFINIANUS (1. Hälfte des 4. Jahrhunderts), die der Verfasser ausdrücklich als Ergänzung des Aquila Romanus bezeichnet und der er daher den gleichen Titel wie dieser gab. Die übliche, auch hier benützte Form ist, daß einer knappen Erklärung Beispiele aus Prosaikern und Dichtern folgen. Angesichts der Rhetorisierung des gesamten literarischen Bereichs konnten die Rhetoren sich berechtigt fühlen, aus der gesamten, auch alten und klassischen Literatur die Exempla zu exzerpieren. Die Beispiele werden je nach dem literarischen Geschmack des Autors und der Zeit ausgewählt und behandelt. Ein Zeugnis spätantiker rhetorischer Lehrschriften ist das den gesamten Stoff umfassende Werk des C. IULIUS VICTOR, wohl noch aus dem 4. Jahrhundert. Es ist keine selbständige Leistung, sondern eine Kompilation aus älteren Schriften, wie schon der Titel angibt: ›C. Iulii Victoris ars rhetorica Hermagorae, Ciceronis, Quintiliani, Aquilii (oder gemeint Aquilae?), Marcomanni[48] (ein Schulrhetor aus dem 3. oder 4. Jahrhundert), Taciani (? oder Titiani, 3. Jahrhundert).‹ Die Schrift ist ihrerseits wieder bis ins Mittelalter hinein ausgebeutet worden. Wohl ebenfalls noch aus dem 4. Jahrhundert stammt eine (eben-

---

[48] Marcomannus ist der älteste lateinische Schriftsteller mit germanischem Namen; er wird wohl auch aus Germanien stammen.

falls erhaltene) ›Ars rhetorica‹ eines C. CHIRIUS FORTUNATIANUS in
Frage- und Antwortform. Die status-Lehre ist die des Hermogenes von
Tarsos. Genannt sei weiter das wohl ebenfalls in diese Zeit gehörige
Werk des SULPICIUS VICTOR mit dem anspruchsvollen Titel ›Institutio-
nes oratoriae‹. Dem Vorwort nach beansprucht die verhältnismäßig
kurze Schrift weder eine selbständige Leistung zu sein (nur die Zusammenstellung ist eigen) noch war sie für allgemeine Verbreitung
bestimmt (gerichtet an den Schwiegersohn des Verfassers). Auf welcher
geistigen Stufe der Unterricht stand, zeigen Merk-Gedichte, die sehr
beliebt waren [49]; für unser Thema ist einschlägig das ›CARMEN DE
FIGURIS‹ eines unbekannten Verfassers, wohl aus dem 5. Jahrhundert.
Für jede Figur sind drei Verse bestimmt, von denen in der Regel einer
die Begriffsbestimmung, zwei die Beispiele enthalten.

Im Vergleich zu den Verfassern dieser wenig erfreulichen Hervor-
bringungen sind Männer wie Fronto und Apuleius aus dem 2. Jahrhundert oder Ausonius und Symmachus aus dem 4. Jahrhundert Gestalten von ganz anderer geistiger Dimension — Epigonen zwar, aber
hochachtbare. Wie Fronto ist auch APULEIUS Afrikaner, geboren um
125 in Madaura. Am bekanntesten ist er durch seine ›Metamorphoses‹
(den 'Eselsroman', in den das Märchen von Amor und Psyche eingelegt
ist). Er hielt sich und die Rhetorik aber nicht für zu gering, eine Blüten-
lese, ›Florida‹, aus seinen Reden zu veröffentlichen.

Erinnert sei bei dieser Gelegenheit daran, daß in dieser Zeit auch
für die lateinische Rhetorik das Schwergewicht der Literatur von Spanien, wo Quintilian und Seneca geboren waren, auf Afrika übergegan-
gen ist: Fronto ist wie Apuleius in Numidien geboren. Afrika, immer
gemeint die nordafrikanischen Küstenregionen, hat die herrschende
Stellung bis in die Vandalenzeit des 5. Jahrhunderts nicht mehr ab-
gegeben. Vergessen wir nicht, Nordafrika gehörte in der Antike zum
abendländischen Kulturkreis, der das ganze Mittelmeergebiet um-
schloß. Was Kleinasien damals für die griechische, war Afrika für die
römische Kultur. Obwohl neben dem bereits genannten Gabinianus
u. v. a. schon die Unterredner in Tacitus' ›Dialogus‹ zum Teil Gallier
zu sein scheinen (ziemlich sicher Aper, wahrscheinlich Secundus, vielleicht Maternus), kommt die große Zeit der gallischen Beredsamkeit
erst im 4. Jahrhundert. Andererseits kamen auch sehr viele Männer

---

[49] Etwa aus der gleichen Zeit stammt ein ›Carmen de ponderibus et mensuris‹, aus etwas späterer Zeit ein ›Carmen de libra et partibus eius‹. Doch
schon um 300 n. Chr. hatte Terentianus Maurus ein Gedicht ›De litteris,
syllabis, metris‹ geschrieben (aus dem das sog. frg. 1 Catulls kommt).

aus den Provinzen nach Rom und entfalteten dort ihre Wirksamkeit. Doch auch in den Provinzen blühten Stätten der lateinischen Kultur auf: In Spanien besonders Emerita (jetzt Mérida), Italica (bei Sevilla), Tarraco (Tarragona), in Afrika besonders Karthago. Nicht zu vergessen ist Gallia mit Massilia (Marseille), Burdigala (Bordeaux) und Augustodunum (Autun).

In Burdigala ist Decimus Magnus AUSONIUS etwa im Jahre 310 geboren. Er stieg zu den höchsten Ehren auf (379 Consul). Virtuos in der Form hat er neben Spielereien viele, teilweise absichtlich stark den Klassikern verpflichtete Gedichte verfaßt. In unserem Zusammenhang wichtig ist die ›Commemoratio professorum Burdigalensium‹, eine Bildergalerie seiner Lehrer und Kollegen. Sie zeigt eine blühende 'Fakultät' von lebendiger Wirksamkeit.

Stilideale der Gallier sind Cicero und Plinius der Jüngere, aber sie meiden weder Archaisches noch Modernes; sie kehren also dem Archaismus den Rücken, ohne in impotenten Klassizismus zu verfallen.

Mit Ausonius befreundet war ein anderer Gallier, LATIN(I)US PACATUS DREPANIUS. Von ihm kennen wir nur noch den Panegyrikus auf Theodosius, gehalten im Jahre 389 im Senat (zu finden in den ›Panegyrici Latini‹).

Ausonius war auch befreundet mit Q. AURELIUS SYMMACHUS (um 345—etwa 405), dem bedeutendsten Vertreter der Familie, die an hervorragender Stelle derer zu nennen ist, die an altrömischer Art, Literatur und Religion festzuhalten suchten[50]. Er galt als bester Redner seiner Zeit (8 Reden sind bekannt). Seine Bedeutung als Staatsmann (Proconsul in Afrika, praefectus urbi, Consul) und Bewahrer der heidnischen Literatur (er, seine Familie und sein Kreis sorgten für Ausgaben klassischer Schriftsteller) ist in wenigen Zeilen nicht zu umreißen.

Unterdessen dringt unter Kaiser Iulianus, der den Beinamen Apostata erhielt, im Osten die griechisch-heidnische Rhetorik nochmals siegreich gegenüber der christlichen vor, wenn der Sieg auch nur von kurzer Dauer ist. Der bedeutendste Vertreter dieser Richtung ist LIBANIOS von Antiocheia (314—etwa 393). Er lehrte in Athen, Konstantinopel und in den bedeutendsten Städten Kleinasiens, bis er ganz nach Antiocheia ging. Sein Zeitgenosse THEMISTIOS (etwa 317—388)

---

[50] Bemerkenswert die Episode, wie er durch eine an die Toleranz appellierende Rede von Kaiser Valentinian II. die Wiedererrichtung des Altars und des Kultbildes der Victoria in der Curia zu erreichen sucht. Gescheitert ist er am Einspruch des Ambrosius.

widmete sich in seinen Schriften mehr philosophischen Themen; so tritt auch in seinen Reden neben dem politischen dieser Themenkreis auf. 33 Reden sind von ihm noch erhalten. Vorbild ist ihm Dion Chrysostomos (s. o. S. 74).

Libanios hielt es für ein schmerzliches Unglück, daß seine bedeutendsten Schüler zum Christentum übertraten: IOHANNES, später CHRYSOSTOMOS zubenannt (gestorben 407), wurde bedeutender Prediger in Antiocheia und dann Bischof in Konstantinopel, ein Amt, das auch GREGOR von NAZIANZ kurze Zeit bekleidete (im Jahre 380/1), BASILEIOS 'der Große' (etwa 330—379) wurde Bischof von Kaisareia in Kappadokien. (Sein jüngerer Bruder Gregor war Bischof von Nyssa.)

Mit diesen großen griechisch schreibenden Männern des Oströmischen Reiches, die die 'byzantinische' Epoche herauführen, und den späteren Bewahrern des echt Römischen, wie den Symmachi, ist die Trennstelle erreicht, wo einerseits die griechische und die lateinische Rhetorik tatsächlich auseinandergehen (gewisse Beziehungen bleiben natürlich bestehen, doch die Verbindungen sind nicht mehr eng genug, um eine Einheit herstellen zu können; die Lateiner benützen, wie wir anläßlich der Durchmusterung der Schulschriften gesehen haben, ältere Römer, nicht Griechen) und wo andererseits die 'christliche Rhetorik' aufblüht. Doch die christliche Beredsamkeit setzt die antike fort, und nicht nur das, sie beruht so sehr auf dieser, daß man, vom christlichen Gehalt abgesehen, zunächst keinen Unterschied bemerkt. Die fortwirkende Macht der antiken Rhetorik wird deutlich, wenn man ein paar Namen und Fakten anklingen läßt: Die Verteidigung des Christentums und die Polemiken TERTULLIANS (aus Karthago, also Afrikaner; das ›Apologeticum‹ ist im Stil einer Gerichtsrede komponiert), die Predigten des AMBROSIUS (geboren in Trier, gestorben 397), das umfangreiche Werk des AUGUSTINUS (geboren 354 in Afrika, gestorben 430). Überhaupt sind die Schriften der 'Kirchenväter' ohne die antike Rhetorik nicht denkbar; das gilt auch für CYPRIAN (geboren 205, wirkte in Karthago) und LACTANZ (geboren um 260 in Afrika; als Rhetor von Diokletian in die Residenz Nikomedeia [heute: Izmit] berufen). Sie alle haben eine gründliche rhetorische Ausbildung genossen oder hatten überhaupt als Redner angefangen und sogar als solche schon geglänzt.

Der Abschluß sei mit einem ganz besonderen Werk gemacht: Die im Mittelalter maßgebende Einteilung der Studien in die sieben artes liberales geht auf MARTIANUS CAPELLA zurück. Seine Enzyklopädie (geschrieben höchstwahrscheinlich Anfang des 5. Jahrhunderts) ist ein Werk von außergewöhnlicher Ausstrahlungskraft, zugleich aber auch ein ziemlich verschrobenes Gebilde, gemischt aus Prosa und Poesie, aus fundierten alten Erkenntnissen und fatalen Spekulationen und durch mangelnde Sachkenntnis hervorgerufenen Mißverständnissen. Seltsam ist schon die Einkleidung: Mercur heiratet die Philologie (daher der Titel ›De nuptiis Philologiae et Mercurii‹). Zur Hochzeitsfeier erscheinen die personifizierten 7 artes liberales (die dem Freien anstehen, da sie keine knechtischen Arbeiten verlangen: Name und Begriff sind älter)[51]. Die 9 Bücher (I—II die Einkleidung mit einer Fülle von allegorischen Figuren; dann je ein Buch für die sieben artes) wirkten beherrschend auf die Studien des Mittelalters. Die Siebenzahl wurde kanonisch. In den artes liberales hat die Rhetorik ihren festen Platz: Grammatik, Dialektik (die beiden, gerade auch für die Rhetorik grundlegenden Wissenschaften), Rhetorik: diese drei bilden das ‘*trivium*’; es folgt das ‘*quadrivium*’, bestehend aus: Geometrie, Arithmetik, Astronomie (= -logie), Harmonie (= Musiktheorie). Vorbild ist die (verlorene) Enzyklopädie Varros, aus der vieles übernommen ist. Varro hatte aber noch Medizin und Architektur behandelt: Die Verengung selbst gegenüber Celsus, dem Enzyklopädisten der Tiberianischen Zeit (die Medizin ist als einziges erhalten) ist bezeichnend. Die Existenzberechtigung der Rhetorik war nicht einmal mehr eine Frage, sie verstand sich von selbst.

Für ganz unentbehrlich galt die Rhetorik das ganze Mittelalter hindurch bis weit in die Neuzeit hinein, und wenn nicht die Zeichen trügen, so scheint die Wertschätzung der Rhetorik nach langer Verachtung eine Renaissance zu erleben: Das ist die Hoffnung derer, denen Form etwas bedeutet, und derer, die glauben, daß auch in unserer Zeit durch Argumente, die ja der Darbietung bedürfen, überzeugt werden kann.

[51] Vgl. jetzt W. H. Stahl u. a., Martianus Capella and the Seven Liberal Arts, New York, I 1971.

GENERA, ORNATUS, TROPEN UND FIGUREN

Im vorangegangenen sind Begriffe aufgetaucht, die es verdienen, zur Klärung und Verdeutlichung systematisch nebeneinandergestellt zu werden. Diese Zusammenstellung, die Vollständigkeit angesichts der Uneinheitlichkeit und Uneinigkeit der antiken Quellen nicht anstreben kann[52], selbst wenn dies beabsichtigt wäre, soll das Allgemeine, worüber — von Außenseitern abgesehen — Einigkeit erzielt worden ist, herausstellen, das Besondere der oder jener Schulmeinung unterdrücken.

3 Arten von Reden werden unterschieden: γένος δικανικόν, *genus iudiciale,* Gerichtsrede; γένος συμβουλευτικόν, *genus deliberativum,* Beratungsrede (z. B. bei Volksversammlungen); γένος ἐπιδεικτικόν, *genus demonstrativum,* Schaustellungsrede (z. B. Prunkreden und Festreden sowie andere Gelegenheitsreden).

5 Hauptaufgaben, ἔργα, *officia,* des Redners werden aufgezählt: εὕρεσις, *inventio,* Materialfindung und -sammlung; τάξις, *dispositio,* Materialanordnung; λέξις, *elocutio,* Formulierung; μνήμη, *memoria,* Auswendiglernen; ὑπόκρισις, *pronuntiatio,* Aussprache und Gestik. Für diese 5 Aufgaben pflegen Ratschläge, mehr oder weniger detailliert, gegeben zu werden, durch die positive Qualitäten (ἀρεταί, *virtutes*) angeregt, negative (κακίαι, *vitia*) vermieden werden sollen.

Zu den ἀρεταί, *virtutes* gehört alles, was die Rede schön, anziehend und geeignet macht *ad persuadendum,* zum Überzeugen oder Überreden; das reicht von der Verständlichkeit (σαφήνεια, *perspicuitas*) über die passende Stilart bis zum äußeren Schmuck (κόσμος, *ornatus*).

Bei den *Stilarten* (γένος, Plr. γένη, *genus,* Plr. *genera;* unglücklicherweise ist das die gleiche Bezeichnung wie die der Arten der Rede: s. o.) unterscheidet man: γένος ἰσχνόν, *genus tenue* oder *humile,* das ist der einfache, der gewöhnlichen Sprache nahekommende Stil; er ist besonders geeignet für gewöhnliche Mitteilungen, einfache Belehrungen und ähnliches. γένος μέσον, *genus medium,* das heißt 'mittlerer' Stil; er

---

[52] Lausberg scheint mir dies zu seinem Schaden mißachtet zu haben, außer in der 1. Auflage der ›Elemente der literarischen Rhetorik‹, die allerdings, was zuzugeben ist, zu mager ist.

ist gleich weit vom einfachen wie vom hohen Stil entfernt; er erfreut das Ohr, ohne pathetisch zu rauschen. Das γένος ἁδρόν oder μεγαλοπρεπές, *genus grande* oder *sublime*, der erhabene Stil, erregt die Affekte; er ist daher reich ausgestattet mit Schmuck. Bis in die Neuzeit hinein ist das *genus grande* der Stil der Tragödie, die erregen und erschüttern soll; er ist der heroische Stil schlechthin[53]. Wie überall ist auch hier die Übertreibung im einzelnen (z. B. bei der Anwendung von Schmuckmitteln) wie im ganzen ein *vitium*, dem gerade der hohe Stil leicht verfällt. Wo allerdings jeweils die Grenze ist, ist eine Frage des Geschmacks, der nach Zeit und Menschen verschieden ist.

Der Schmuck, κόσμος, *ornatus*, der Rede besteht in besonderen, nicht durch die Sprache an sich geforderten Ausdrucksweisen. Er wird unterteilt entweder in *Tropen* (τρόποι, *tropi*; sie haben es mit dem einzelnen Wort zu tun, wie Metonymie, Metapher usw.) und *Figuren* (σχήματα, *figurae*, z. B. Alliteration, Reim, Wortspiel), oder man unterscheidet *Wortfiguren* (σχήματα λέξεως, *figurae verborum* oder *elocutionis*, zu denen die Tropen, die grammatischen Figuren [beabsichtigte, sinnvolle Abweichungen von der strikten Regel] und die Satzfiguren [z. B. Asyndeton, Zeugma] gehören, und *Sinn-* oder *Gedankenfiguren* [z. B. Apostrophe, Interrogatio, Klimax]). Die Einteilung ist rein äußerlich; sie dient zu analytischen und Lehrzwecken; sie sagt nichts aus über den inneren logischen Zusammenhang (der überhaupt unbeachtet blieb) und die Wirkungsweise der Schmuckstücke. Deren alleiniger Zweck ist es, durch das Unerwartete, Ungewöhnliche (τὸ ἄηθες), man könnte sagen, durch 'Verfremdung' (ξενικόν) das Interesse zu wecken und wachzuhalten, Langeweile und Überdruß nicht aufkommen zu lassen. Die Prunkrede hat aus zwei Gründen die meisten Schmuckstücke: Der Redner läßt seine Kunst glänzen und die Rede benötigt mangels spannenden Inhalts zusätzlichen Aufputz.

Der Unterricht lehrt auch, wann *ornatus* angebracht ist und wann damit gespart werden muß. So z. B. läßt es sich der Geschichtsschreiber angelegen sein, ein Kunstwerk zu schaffen (anders also als mindestens seit dem Historismus bei uns), aber insoweit der Inhalt Tatsachenmitteilung ist, darf Schmuck nur sparsam verwendet werden, damit der

---

[53] Die Zuordnung der drei Dichtungen Vergils zu den drei Genera ist erst mittelalterlich. Sie zeigt einerseits, wie alles nach rhetorischen Gesichtspunkten verstanden wurde, andererseits, wie fließend die Grenzen sein können, denn das Werk Vergils läßt sich natürlich nicht so schematisch einordnen; es ist z. B. deutlich, daß die Aeneis nicht nur im *genus grande* geschrieben ist. Dem *genus humile* entsprechen nach dieser Einteilung die Bucolica, dem *genus medium* die Georgica, dem *genus grande* die Aeneis.

Eindruck nüchterner und daher überzeugender Darlegung hervorgerufen wird. In den eingelegten Reden (von denen man immer nur
sagt — was auch richtig ist —, sie seien dazu da, um die Gedanken
handelnder Personen oder die des Schriftstellers in der Maske dieser
Personen auszudrücken) schafft sich der Schriftsteller ein Ventil für
sein rhetorisches Können. Die Reden lockern zugleich die Darstellung
auf, dienen also der *variatio,* die nicht nur für das Einzelne, sondern
auch für das Ganze eines Werkes zu erstreben ist. Was Horaz (ars
poetica 333 f.) von den Dichtern sagt, gilt mindestens ebenso für die
Redner: *aut prodesse volunt aut delectare aut simul et iucunda et
idonea dicere vitae:* belehren oder erfreuen oder beides zugleich.

Eine Übersicht über die wichtigsten Tropen und Figuren (über die
Bezeichnungen s. o. S. 22—25) dürfte vor allem zur ersten Orientierung
erwünscht sein. Sie sei der Klarheit wegen listenförmig angelegt, wobei
auf die überspitzfindigen, uneinheitlichen und meist völlig nutzlosen
Unterteilungen verzichtet werden soll. Diese Übersicht erstrebt daher
sowenig Originalität (die bekanntlich von Übel ist, wenn man sich
über Begriffe verständigen will) wie Vollständigkeit. Absichtlich sind
auch Beispiele aus der Dichtung herangezogen, um zu zeigen, daß poe-
tischer und rhetorischer ornatus identisch sind — besonders der affek-
tierte.

Für die Tropen und Figuren haben sich sowohl im Lateinischen als
auch im Deutschen fast durchweg die griechischen Bezeichnungen durchgesetzt. Die hier in Klammern gesetzten lateinischen Wörter sind nichts
anderes als antike Versuche, die griechischen Termini zu übersetzen.
Ausnahmen bilden 'Alliteration' und 'Gemination', wo sich im Deutschen die lateinischen Namen durchgesetzt haben; für 'rhetorische
Frage' pflegt man diese halb deutsche Bezeichnung zu verwenden, nicht
ἐρώτησις bzw. *interrogatio.* Dagegen ist es ratsam, für 'Reim' in der
Rhetorik ὁμοιοτέλευτον vorzuziehen, da man bei 'Reim' an dessen
konstituierende Funktion in der Dichtung denkt, die er bekanntlich
im Griechischen und Lateinischen nicht hat.

I. Tropen

μετωνυμία *(denominatio);* z. B. *Ceres = fruges, Vulcanus = ignis,
Plato = libri Platonis, lux = dies. cedant arma togae, concedat
laurea laudi,* soll Cicero gedichtet haben, Sall. inv. 6.
μεταφορά *(translatum, translatio);* s. Quint. 8, 6, 9: *comparatio* ('Vergleich') *est, cum dico, fecisse quid hominem 'ut leonem',* trans-

latio, cum dico 'leo est'; bei Livius (38, 54, 1) steht: *(Cato) adlatrare (*'anbellen'*) magnitudinem eius (Scipionis) solitus erat,* und Cicero (de or. 2, 54, 219) spricht von einem Wort wie von einem Pfeil: *facete dictum emissum haerere debeat.* In Ciceros (pro Mil. 4, 10; vgl. Quint. 5, 14, 17) *silent leges inter arma* sind Metapher und Metonymie verbunden (*arma* ist Metonymie, *silent* Metapher). Hierher sind auch die *Personifikationen* zu rechnen, wie *ut omnes (artes) comites ac ministratrices oratoris esse diceres* (Cic. de or. 1, 17, 75).

ἀλληγορία *(inversio)* ist ein durch mehrere aneinandergereihte Metaphern ausgeführtes Bild, wie das Staats-„Schiff" Hor. carm. 1, 14 (bei Quint. 8, 6, 44 als Beispiel zitiert). Eine Magd in Ps.-Lukians ›Lukios oder Der Esel‹ heißt Palaistra und benimmt sich auch so.

συνεκδοχή *(intellectio).* Der engere Begriff steht statt des umfassenden, z. B. *tectum = domus.* (Deutsch: „pro Nase".)

ὑπερβολή *(superlatio),* 'Hyperbel', Übertreibung. Vergils (Aen. 1, 162 f.) *geminique minantur in caelum scopuli* wird von Quintilian (8, 6, 68) zitiert.

λιτότης (ἀντεναντίωσις) *(exadversio)* 'Schlichtheit', Abschwächung, z. B. *non ignoro; non me fugit;* vgl. Quint. 10, 1, 12.

εἰρωνεία *(illusio, simulatio, irrisio)* ist die spöttische Bezeichnung durch das Gegenteil, wie Cicero über Verres (act. sec. 5, 26) *iste bonus imperator;* vgl. Quint. 8, 6, 54 ff. und 6, 3, 85 ff.

εὐφημισμός. Da das Wort magische Kraft hat, sagt man (um den „Teufel nicht an die Wand zu malen") Εὐμενίδες (für Erinyen) und *Pontus Euxinus.* Auch die mildere Bezeichnung einer unangenehmen Sache fällt darunter, wie *vita decedere* oder *si quid mihi humanitus accidit* für 'sterben'.

II. Figuren

1. Gedankenfiguren

ἀποστροφή *(aversio)* 'Abwendung' (von den Zuhörern oder Lesern), Anrede an eine (oft nicht anwesende) Person oder Sache, z. B. *at vos exiguo pecori, furesque lupique, parcite* (Tib. 1, 1, 33 f.).

ἀποσιώπησις *(reticentia)* 'Verstummen', wie das bekannte Vergilische *Quos ego!* (Aen. 1, 135).

ἐρώτησις *(interrogatio)* rhetorische Frage.

86 Genera, Ornatus, Tropen und Figuren

2. Wort- und Stellungsfiguren

[παρόμοιον, ὁμοιοπρόφορον]: Alliteration. Berühmt-berüchtigt ist Ennius' (ann. 109 Vahlen²) *o Tite, tute, Tati, tibi tanta, tyranne, tulisti.* Eine solche Übertreibung galt als Fehler, *vitium.*

ὁμοιοτέλευτον *(similiter desinens)* Reim.

ὁμοιόπτωτον *(similiter cadens, simile casibus)* (zu πτῶσις, 'Kasus'). Bei der Aneinanderreihung *(adiunctio)* von Satzteilen ergeben sich meist von selbst gleiche Kasusendungen, die nicht immer „reimen".

ὀνοματοποιία Lautmalerei, wie das Ovidische *quamvis sint sub aqua, sub aqua meledicere temptant* (met. 6, 376), das das Quaken der Frösche nachahmt.

παρονομασία *(adnominatio)* ist ein Wortspiel, z. B. *amentium, haud amantium* (Ter. And. 218).

ὀξύμωρον 'Spitzdumm', z. B. *cum tacent clamant* (Cic. Cat. 1, 21).

ἀναφορά (ἐπαναφορά) *(repetitio)*, Wiederholung, z. B. *hic gelidi fontes, hic mollia prata, . . . hic nemus, hic . . .* (Verg. ecl. 10, 42 f.).

πολύπτωτον *(traductio)* ist ebenfalls Wiederholung, jedoch in verschiedenen Flexionsformen, z. B. *quae bello est habilis . . . aetas, . . . quos petiere duces annos* (andere Lesart: *animos*) (Ov. am. 1, 9, 3 ff.).

ἐπιφορά oder ἀντιστροφή *(conversum, conversio, desitio)* ist die Wiederholung am Vers- oder Satzschluß.

[ἐπανάληψις] *geminatio (iteratio, repetitio)*, Verdoppelung, z. B. *me me adsum, qui feci, in me convertite ferrum* (Verg. Aen. 9, 427).

ἐπαναδίπλωσις *(reduplicatio)* ist insofern eine besondere Form der Gemination, als das letzte Wort einer Wortgruppe zu Beginn der nächsten wiederholt wird, wie bei Vergil (ecl. 10, 72 f.): *haec facietis maxima Gallo, Gallo, cuius amor tantum mihi crescit in horas,* oder auch das bekannte *hic* (näml. Catilina) *tamen vivit. vivit? immo vero etiam in senatum venit* Ciceros (Cat. 1, 2).

ἀντίθεσις (ἀντίθετον) *(contrapositum, oppositum, contentio, contrarium)* 'antithetisch', mit Gegensatzpaaren aufgebaute Sätze waren recht beliebt (auch in den philosophischen Abhandlungen Senecas). Von selbst pflegen dabei parallel oder chiastisch (über Kreuz, nach Art eines griechischen X) gebaute Sätze oder Satzglieder zu entstehen. Die Namen Chiasmus und Parallelismus sind allerdings unantik. Qüintilian führt (9, 3, 81) aus

Cicero (Cluent. 1, 4) an: *non nostri ingenii, vestri auxilii est,* was als Parallelismus bezeichnet werden kann. Kurz darauf zitiert Quintilian eine andere Cicero-Stelle (Mur. 36, 76): *odit populus Romanus privatam luxuriam, publicam magnificentiam diligit,* wo Parallelismus und Chiasmus verbunden sind, da durch *privatam luxuriam* und *publicam magnificentiam* eine parallele, durch die Stellung der Verben an Anfang und Schluß eine chiastische Wortfügung sich ergibt. Die einfachste Form des Chiasmus ist z.B. Ciceros (rep. 6, 24, 26) *fragile corpus animus sempiternus movet* (parallel wäre *corpus fragile animus sempiternus* oder *fragile corpus sempiternus animus*). Chiastisch ist die Antithese Senecas (epist. 17, 5) *si quid te vetat bene vivere, bene mori non vetat*: Über-Kreuz-Stellung von *bene vivere* und *bene mori* einerseits, *vetat* und *non vetat* andererseits.

κλῖμαξ *(gradatio)* 'Leiter', Steigerung der Ausdrücke; am berühmtesten ist wohl *abiit, excessit, evasit, erupit* (Cic. Cat. 2, 1, 1).

ὑπερβατόν *(traiectio, verbi transgressio)* Auseinanderstellung zusammengehöriger Wörter. In der Dichtung, oft aus metrischen Gründen, sehr häufig; in der Prosa dient sie meist zur Hervorhebung, z. B. *brevis a natura vita nobis data est* (Cic. Phil. 14, 12, 32).

πρόληψις *(anticipatio)* 'Vorwegnahme' ist die nicht nur in der Dichtung überaus häufige Vorwegnahme des Ergebnisses, meist durch ein Part. Perf. Pass., wie *premit placida aequora pontus* (Verg. Aen. 10, 103), wo die *placida aequora* das Ergebnis des *premere* sind. *parabant inicere … captivo bracchia caelo (= ut caperent)* (Ov. met. 1, 183 f.). *maiores augebantur copiae* ('sie wurden dadurch, daß sie vermehrt wurden, größer' (bell. Hisp. 1, 4). Die Sache wird üblicherweise als zur Grammatik gehörend betrachtet und da behandelt; der Ausdruck πρόληψις ist nicht antik: Vielmehr bedeutete er ursprünglich die 'Vorwegnahme' und Widerlegung von möglichen Gegenargumenten.

ὕστερον πρότερον 'das Spätere früher', d. h. das entscheidende Endergebnis wird vorweggenommen. Diese Figur gehört mehr der Dichtung an, z. B. Verg. (Aen. 2, 353) *moriamur et in media arma ruamus*; in der Rede kann sie lächerlich wirken und wäre dann ein Fehler.

ἐναλλαγή oder ὑπαλλαγή *(enallage adiectivi)* ist die, besonders in der Dichtung, häufige 'Vertauschung' eines Adjektivs, d. h. das Adjektiv wird grammatisch zu einem anderen Substantiv gezogen als zu dem, zu dem es sinngemäß gehört; Musterbeispiel (und hart an der Übertreibung) ist Vergils (Aen. 6, 268) *ibant obscuri sola sub nocte per umbram* (statt *soli ... obscura*: metrisch gleichwertig!). Manchmal werden zwei Adjektive, die nur zu einem Substantiv gehören, grammatisch auf ebenfalls zwei Substantiva verteilt: *exactus tenui pumice versus eat* (Prop. 3, 1, 8): nicht nur *exactus*, auch *tenuis* ist der Vers, nicht der *pumex*. In der Prosa bei besonders hervorragenden Stellen, wie Livius am Anfang seines Werkes (1, 1, 4): *ad maiora rerum initia ducentibus fatis* (nicht die Anfänge, die *res* sind größer, bedeutender).

ξεῦγμα *(ligatio, adnexio)* 'Verbindung' mehrerer Substantiva mit einem Verbum, das eigentlich nur zu einem paßt; ebenfalls eher zur Grammatik als zur Rhetorik gehörend, z. B. *pacem an bellum gerens* (Sall. Iug. 46, 8). *oculos telumque tetendit* (Verg. Aen. 5, 508).

DIE KLAUSELN, CURSUS

Im Abschnitt über Aristoteles war davon die Rede, daß er in seiner Rhetorik den Paian in den Formen — ∪ ∪ ∪̲ und ∪ ∪ ∪ ∪̲ empfiehlt, und daß Cicero kritisiert, ihm erscheine für die Klausel der Creticus (— ∪ ∪̲) geeigneter. Aus den theoretischen Erörterungen Ciceros im ›Orator‹ 212 ff. und (knapper) in ›De oratore‹ III 193 (auch Quintilian IX 4, insbes. 87 ff. kommt in Frage) sowie aus der Analyse seiner Reden hat man die von Cicero bevorzugten Klauseln entnommen. Diese Klauseln gelten aber, was oft vergessen wird, nicht von vornherein allgemein, sondern zunächst nur für Cicero. Sie sind also nicht ohne genaue Prüfung auf andere Redner und Schriftsteller zu übertragen, wie schon aus den unterschiedlichen Empfehlungen des Aristoteles und des Cicero abzulesen ist. Allerdings sind Cicero, wie in manchen anderen Bereichen, auch in diesem viele gefolgt (so z. B. auch Seneca), da er unbestritten als ein Meister des lateinischen Ausdrucks, besonders in der Rede, gegolten hat. Die erste und erfolgversprechende Erforschung der Klauseln in der Neuzeit ist, obwohl ihnen Cicero in seinen oratorischen Schriften eine eigene Behandlung angedeihen läßt, noch nicht besonders alt; zu einem vollen Jahrhundert fehlen noch einige Jahrzehnte, Irr- und Holzwege inbegriffen. Das im Sachlichen so erfolgreiche 19. Jahrhundert ist in dieser Hinsicht erstaunlich mager. Sicherlich hängt das auch mit der Mißachtung der Rhetorik im allgemeinen zusammen, besonders in Deutschland — die Deutschen hatten damals in der klassischen Philologie so etwas wie eine Hegemonie. (Kein Zweifel: Sie ist inzwischen verlorengegangen.)

Trotz dieser Feststellung, daß die erkannten Klauseln zunächst nur für den Autor gelten, bei dem sie konstatiert worden sind, sind alle Versuche, für Autoren, die Cicero nicht folgen, Klauselgesetze zu erkennen, bis jetzt unbefriedigend verlaufen, die meisten sogar fehlgeschlagen; eine Ausnahme bildet lediglich Curtius (s. Konrad Müller, Bern, in der Tusculum-Ausgabe 1954, S. 755, der ersten überzeugenden Klauselanalyse für Curtius). Am meisten Schwierigkeiten machen die Historiker: Weder für Livius noch für Tacitus, weder für Sallust noch für Thukydides oder Polybios liegen überzeugende Analysen vor[54] —

---

[54] Dies ist mit Bedacht gesagt, Widerspruch ist zu erwarten. Aber Gesetze

falls im historischen Genus überhaupt Klauseln in Gebrauch waren, woran nicht unbegründete Zweifel bestehen. (Curtius wird man nicht zu den Historikern zählen wollen: Er ist eher Verfasser eines „historischen Romans" zu nennen.)

Von Klausel-„Gesetzen" sollte man wohl überhaupt nicht sprechen, denn anders als beim Vers gibt es keine zwangsweise Verteilung der Quantitäten, auch keine regelmäßige Abfolge bestimmter Klauseln. Die Klauseln sind weder stichisch noch strophisch, sondern unregelmäßig verteilt: Das darf nach manchen vergeblichen Versuchen, Regelmäßigkeiten nachzuweisen, als gesichert gelten.

Für die Klauseln gelten dieselben prosodischen Gesetze wie in der poetischen Metrik; ebenfalls gleich sind Elisionen und die Tatsache, daß jede Endsilbe syllaba anceps ist, also kurz oder lang sein kann. Die Wortfuge spielt keine Rolle, die Klausel kann auch mitten im Wort beginnen; so ist z. B. *attĭngĕre͡aūdērĕm* ebenso katalektischer Dikretikus wie *renūntĭātūs sŭm* oder *iūdĭcārētĭs* oder *ēssĕ dŭxērŭnt* (alle Beispiele aus Cicero, De imp. Cn. Pomp. § 1—2). Wortumstellungen gegenüber der gewöhnlichen Rede helfen auch bei den Klauseln des öfteren, rhythmischen Klang zu erzeugen; doch ist diese Freiheit im Vergleich zur Poesie gezügelt.

oder auch nur Gewohnheiten, die umständlich und schwierig „nachgewiesen" werden müssen, oder bei denen sich die „Prozentzahlen" der Satzschlüsse mit Klauseln und der ohne Klauseln nicht deutlich voneinander absetzen, sind nicht überzeugend. Das gilt sogar für die beachtliche Abhandlung von J. Perret, Salluste et la prose métrique, Rev. Ét. Anc. 65, 1963, 330 ff., der als Verhältnis 53 % zu 40,5 % errechnet. Zwar betont er, auch bei Cicero seien die Hauptklauseln nicht häufiger — aber eben die Hauptklauseln; daneben stehen noch andere. Wohl jeder Autor, der sich um Stilisierung und Anziehungskraft bemüht, wird gewisse rhythmische Folgen (unbewußt) bevorzugen (vgl. L. Reiners, Stilkunst, München 1961 (1943), S. 397 ff., der auf Satzmelodie und Rhythmus hinweist, die sich in jeder gestalteten Prosa finden, ohne allerdings rhythmische Systeme zu analysieren). Vielleicht sind wir alle durch Cicero verblendet und müßten einen ganz neuen Ansatz für die Historiker finden? Die Schwierigkeit ist, daß sonstige theoretische Äußerungen fehlen.

Auch die übliche Verschmelzung der Frage nach den Klauseln mit der nach dem „Prosarhythmus" scheint mir nicht problemlos zu sein.

Überhaupt noch nicht untersucht ist das Verhältnis zwischen Klauselrhythmus und Wortbetonung. In der Metrik gehört das Verhältnis quantitierendes versbildendes Element — Versiktus (der oft nicht anerkannt wird, aber wenigstens für das Lateinische nicht mehr bestritten werden sollte) — Wortakzent zu den schwierigsten und am meisten umstrittenen Problemen. Für den Klauselrhythmus ist das Problem offenbar noch gar nicht gesehen.

Die Klauseln Ciceros in der Reihenfolge der Häufigkeit (die Beispiele sind aus Cicero, Pro Marcello § 1—2 und Orator Kap. 63):

— ⏑ — — ⏕   katalektischer (d. h. um eine Silbe verkürzter)
Dicreticus oder Creticus (— ⏑ —) + Trochaeus
(— ⏑), *mōrĕ dīcēndī*

— ⏑ — — ⏑ —   akatalektischer (vollständiger) Dicreticus, *hodiernŭs
dĭēs āttŭlĭt*

— ⏑ — ⏕   Ditrochaeus (vorher geht oft Creticus oder Molossus [— — —] oder Spondeus [— —]; Cic. Or. 213
kommt ohne diese aus) *cōmprŏbāvĭt*

— — — ⏕   Dispondeus *pātrem āppēllō*

— — — ⏑ ⏕   Spondeus + Creticus *mānsuētŭdĭnĕm*

— ⏑ — ⏑ ⏕   Trochaeus + Creticus = Hypodochmius *diuturnī
sĭlēntĭī*

Nebenformen sind:

— — — — ⏑ ⏕   Molossus + Creticus

Alle Auflösungen von — zu ⏑ ⏑
Da das Lateinische einen Überfluß an langen Silben hat, ist hier die
Auflösung von Längen in zwei Kürzen (z. B. — ⏑ ⏑ ⏑ — ⏑ Creticus + Trochaeus [Paian + Trochaeus] *ēssĕ vĭdĕātŭr*: nicht selten) viel
weniger häufig als im Griechischen, sie ist aber grundsätzlich möglich.

Selbstverständlich kann man manchmal im Zweifel sein, ob und wo
Klauseln anzunehmen sind: Das ist eine Frage des rednerischen Vor-
trags; wir haben mit der Freiheit des Redners zu rechnen, Klauseln
klingen zu lassen oder über sie so hinwegzugehen, daß sie nicht mehr
bemerkt werden. Manchmal kann man auch im Zweifel sein, welche
Klausel anzunehmen ist: z. B. kann man in dem Beispiel für Spondeus
+ Creticus, nimmt man noch die vorhergehende Silbe hinzu, *enĭm
mānsuētŭdĭnĕm*, Molossus + Creticus konstatieren. Das ist jedoch
nicht entscheidend, denn auf den Rhythmus, nicht auf die Bezeichnung
kommt es dem antiken Redner an.

Gemieden pflegen Klauseln zu werden, die beliebten Versfüßen
bzw. -metren entsprechen, wie dem daktylischen Hexameterschluß.

Cursus

Im gleichen Maße wie die quantitierende Metrik durch die akzentuierende abgelöst wird, wird die quantitierende Klausel durch die
akzentuierende ersetzt. Für uns ist dieser Umschwung seit dem 4. Jahrhundert deutlich faßbar, seit Augustinus und vor allem mit Ammianus
Marcellinus. Natürlich ist das Neue nicht plötzlich aufgetreten, son-

dern folgt einer sprachgeschichtlichen Entwicklung [55]. Andererseits hat
es sich auch nicht bei allen Autoren alleinherrschend durchgesetzt; einige
(wie Sedulius, Ennodius, Boëthius) versuchten häufig, beiden Prinzipien
gerecht zu werden, indem sie ihre Satzschlüsse sowohl quantitierend
wie akzentuierend bauten (was nicht immer ohne Kunstgriffe abging).

Drei bis vier Grundformen dieses sogenannten Cursus schälen sich
heraus. Wie in den modernen europäischen Sprachen ist jetzt also nicht
mehr die Abfolge langer und kurzer Silben (die ihre rhythmusbildende
Funktion verloren haben) wichtig, sondern die Abfolge betonter und
unbetonter Silben. Der Cursus kann wie die Klausel auch im Wort
beginnen. Aber im Unterschied zu dieser wird üblicherweise nicht eli-
diert, so daß die Schlußsilben trotz Hiats gesprochen werden. (Im folgenden bedeutet x́ Silbe mit, x Silbe ohne Wortakzent. Die Beispiele
sind aus dem Anfang des erhaltenen Teils des Ammianus Marcellinus.)

x́ x x x́ x   cursus planus, *expeditiónis evéntus*

x́ x x x́ x x   cursus tardus, *pártium ánimis*

x́ x x x x x́ x   cursus velox, *frégerat et labórum*

Bei diesen Formen stehen also zwischen zwei betonten Silben entweder
zwei oder vier unbetonte. Allerdings ist nach neueren Untersuchungen
die Form

x́ x x x x́ x   *égerat coniúxque*

nicht auszuschließen. Der cursus planus ist die umgewandelte Ficero-
nische Klausel Creticus + Trochaeus, der cursus tardus steht für
Dicreticus und der cursus velox für Creticus + Ditrochaeus. Vergleichbar ist dies der Umsetzung des quantitierenden antiken Hexameter in
den akzentuierenden klassischen deutschen Hexameter. Das gleiche gilt
auch für alle anderen antiken Maße, die in modernen Sprachen Hei-
matrecht erworben haben.

Der Cursus ist in der mittelalterlichen Kunstsprache von wesentlicher Bedeutung. Die Ersetzung des quantitierenden Rhythmus, den
man nicht mehr hörte, durch den akzentuierenden war ein Akt der
Befreiung, der in Unfreiheit endete. Die Vielheit der Möglichkeiten
und Freiheiten des antiken Klauselrhythmus, der durch Variationen,
durch Auflösung von Längen und dergleichen ungemein gestaltungs-
freundlich war und daher die lebendige Form und das Stilempfinden
eines Autors kaum einengte, sie vielmehr erst zur Geltung brachte,
wich nun einer (zu anderen durchaus parallelen) Reglementierung, so
daß die gelesene Literatenrhetorik mit der Sprache des Forums nur
noch wenig gemein hat.

[55] Siehe B. Axelson, Zum Alexander-Roman des Julius Valerius, Lund
1936, 1, Anm. 4.

SCHLUSSBEMERKUNGEN

Die Beschäftigung mit Rhetorik macht zwar keinen Redner, aber sicher erhöht sie das Gefühl für rednerische Gestaltung. Ein grobes Mißverständnis wäre es, wollte man rhetorische Ratschläge und Regeln als Formalismen abtun. Formalismus aber wäre es in der Tat, würde man umgekehrt die Einhaltung der Regeln für wichtiger halten als das mit ihrer Hilfe zu erzeugende Produkt. Für den rednerisch Nichtbegabten können ausgearbeitete Formen Krücken sein, auf denen er sich fortbewegen kann, der Künstler bedarf solcher Hilfen nicht mehr, wohl aber hat auch er einmal das Gehen lernen müssen.

Die Umschau in der Geschichte der antiken Rhetorik ist nicht allein, ja nicht einmal in erster Linie ein Blick auf eine Disziplin, er ist weitaus mehr, nämlich der Versuch, sich mit einer geistigen Lebensäußerung vertraut zu machen, die zumindest damals für wichtig und bedeutend angesehen wurde. Wir wüßten mehr vom Rhetorikunterricht und hätten mehr Verständnis für die lebendige Rhetorik, könnten wir etwas von der Luft der attischen Volksversammlung und des römischen Forums und Senates atmen. Leichter würden wir auch verstehen, wie rednerische Fortschritte erzielt und wie sie begierig aufgenommen wurden, und wir sähen klarer, wie sehr die Bewunderung des antiken Menschen für vorzügliche Redner und sein Wunsch, gute Redner zu hören, berechtigt waren. Erinnern wir uns daran, daß die antike literarische Kultur weniger eine des gelesenen als eine des gesprochenen Wortes war; auch zu lesen pflegte man nicht still in sich hinein sondern laut. Auch unter diesem Aspekt ist der geistige Einbruch zu sehen, der durch die (politisch) erzwungene Erstarrung der Atmosphäre herbeigeführt wurde, wodurch die Rhetorik Gefahr lief, aus einer Kunst für viele zur Feinschmeckerkost für wenige zu werden.

All dies muß man sich vergegenwärtigen, wenn man einem antiken rhetorisch geformten Text gegenübersteht. Das Erkennen der rednerischen Kunst fällt dann leichter, und die eingesetzten Mittel, vom Aufbau und der Gestaltung bis zum äußeren Schmuck, lassen sich gerechter beurteilen. Andererseits verrät sich ein Text als rhetorisch geformt zuerst durch seine äußerlichen Ausdrucksmittel, den Ornatus, zu dem auch die Rhythmisierung im ganzen und im einzelnen gehört. Daß das Wort „rhetorisch" hier nicht abwertend gemeint ist, ist schon mehrmals betont worden. Die Zeiten, in denen ein Dichter schon deshalb verdächtig war, weil man in seinen Werken „Rhetorik" zu finden meinte, sind — hoffentlich — vorüber. Der Meister, ob Dichter oder Redner, bedient sich der Mittel souverän, nur der Nichtkönner glaubt, die Befolgung von Regeln mache die Sache selbst.

LITERATUR

(ohne Literaturgeschichten und Lexika, mit wenigen Ausnahmen). Abhandlungen über spezielle Probleme, einzelne Personen und Werke stehen, soweit erforderlich, in den Anmerkungen; Sonstiges, besonders Einzelausgaben kaiserzeitlicher Redner wurden, um übersichtlich zu bleiben und da sie von Interessierten leicht den Handbüchern entnommen werden können, im allgemeinen nicht aufgenommen.

Allgemeines

R. Volkmann, Hermagoras oder Elemente der Rhetorik, Stettin 1865.

–, Die Rhetorik der Griechen und Römer (1. Aufl. Berlin 1872) Leipzig ²1885 (ersetzt ›Hermagoras . . .‹).

Volkmann-Hammer, Rhetorik, im Band Rhetorik und Metrik der Griechen und Römer, in: Handbuch der Klass. Altertumswissenschaft, München 1901 (= 3. Aufl. von Volkmanns Rhetorik).

W. Kroll, Realencyclopädie Suppl. VII 1039 ff.

H. Hommel, Artikel ›Rhetorik‹ in: Lexikon der Alten Welt (Artemis), 2611 ff. (= dtv-Lexikon der Antike 1969/70).

W. Spoerri und R. Till, Artikel ›Redner‹ ebd.

A. Westermann, Geschichte der Beredsamkeit in Griechenland und Rom, 2 Bde., Leipzig 1833—35.

A. Plebe, Breve storia della retorica antica, Milano 1961.

E. Norden, Die antike Kunstprosa, Leipzig ³1915 (= 1958).

H. Lausberg, Handbuch der literarischen Rhetorik, 2 Bde., München 1960.

–, Elemente der literarischen Rhetorik, München ³1967.

J. C. Th. Ernesti, Lexicon technologiae Graecorum rhetoricae, Leipzig 1795 (= 1962).

–, Lexicon technologiae Latinorum rhetoricae, Leipzig 1797 (= 1962).

D. A. G. Hinks, Tria genera causarum, Class. Quart. 30, 1936, 170 ff.

F. Quadlbauer, Die genera dicendi bis Plinius d. J., Wien. Stud. 71, 1958, 55 ff.

Verschiedene Verf., Zur Rhetorik, I: Der altsprachliche Unterricht, Reihe X 1967, Heft 2.

II: ebda. Reihe XI 1968, Heft 4.

D. L. Clark, Rhetoric in Greco-Roman Education, New York 1957.

H. I. Marrou, Histoire de l'éducation dans l'antiquité, Paris ³1955. Deutsche Übersetzung: Geschichte der Erziehung im klassischen Altertum, herausgegeben von R. Harder, Freiburg – München 1957.

L. Arbusow, Colores rhetorici, Eine Auswahl rhetorischer Figuren und Gemeinplätze als Hilfsmittel für Übungen an mittelalterlichen Texten. 2. Auflage von H. Peter, Göttingen 1963.

Griechenland

Rhetores Graeci, ed. Ch. Walz, Stuttgart – Tübingen 1823—1836.

Rhetores Graeci, ed. Spengel, 3 Bde., Leipzig 1853—1856; 2. Aufl ed. Spengel – Hammer, Leipzig 1894.

L. Radermacher, Artium scriptores, Reste der voraristotelischen Rhetorik, SitzBer. Österr. Akad. d. Wiss., phil-hist. Kl. 227, 3, Wien 1951.

H. Diels – W. Kranz, Die Fragmente der Vorsokratiker, Berlin ⁶1951/52 (darin die Fragmente der 'Sophisten').

H. Schöpsdau, Antike Vorstellungen von der Geschichte der griechischen Rhetorik, Diss. Saarbrücken 1969.

F. Blass, Die attische Beredsamkeit, 3 Bde., Leipzig 1887—1898.

G. Kennedy, The art of Persuasion in Greece, Princeton N. J. 1963.

V. Buchheit, Untersuchungen zur Theorie des Genos epideiktikon von Gorgias bis Aristoteles, München 1960.

Antiphontis orationes post F. Blass ed. Th. Thalheim, Leipzig 1914 (= 1966).

Aristoteles, Ars rhetorica, ed. D. Ross, Oxford 1959.

–, Topica et Sophistici elenchi, ed. D. Ross, Oxford 1958.

–, Aristotelis qui ferebantur librorum fragmenta, coll. V. Rose, Leipzig 1886.

–, Fragmenta selecta, rec. D. Ross, Oxford 1955.

–, Rhetorica with a comm. by E. M. Cope and J. P. Sandys, 3 Bde., Cambridge 1877 (= 1970).

F. Wehrli, Die Schule des Aristoteles (Texte und Komm.), Basel ¹1944—59, 2. Aufl. 1967 ff.

Theophrasti Περὶ λέξεως libri fragmenta, coll. A. Mayer, Leipzig 1910.

Theodektes, in: Aristotelis fragmenta, coll. V. Rose, Leipzig 1886, 114 ff.

Hermagorae Temnitae testimonia et fragmenta, coll. D. Matthes, Leipzig 1962.

Hermogenis opera, ed. H. Rabe, Leipzig 1913 (= Rhet. Gr. VI).

Hermogenis De Statibus, ed. G. Kowalski, Wratislawa 1947.

Philodemi volumina rhetorica, ed. Sudhaus, Leipzig 1892—1896.

Dionysii Halicarnasei quae exstant, vol. V und VI, ed. H. Usener – L. Radermacher, Leipzig 1899 und 1904.

Lollianos aus Ephesos: O. Schiessel, Philol. 82, 1927, 181 ff.

Libellus de sublimitate Dionysio Longino fere adscriptus, rec. D. A. Russel, Oxford 1968 mit Komm. Oxford 1964.

Ps.-Longinos, Vom Erhabenen, griechisch und deutsch von R. Brandt, Darmstadt 1966.

W. Bühler, Beiträge zur Erklärung der Schrift vom Erhabenen, Göttingen 1964.

Caecilii Calactini fragmenta, coll. E. Ofenloch, Leipzig 1907.

W. R. Roberts, Greek Rhetoric and literary Criticism, New York 1928 (= 1963).

K. Barwick, Probleme der stoischen Sprachlehre und Rhetorik, Abh. Ak. Wiss. Leipzig, phil.-hist. Kl. 49, 3, 1957.

W. Süss, Ethos, Studien zur älteren griechischen Rhetorik, Leipzig – Berlin 1910.

Rom

M. L. Clark, Rhetoric at Rome, New York 1963 (deutsche Übersetzung: Die Rhetorik bei den Römern, Göttingen 1968).

W. Neuhauser, Patronus und orator, Eine Geschichte der Begriffe von ihren Anfängen bis in die augusteische Zeit, Commentat. Aenipont. XIV, 1958.

Oratorum Romanorum CXXV fragmenta ab Appio inde Caeco et M. Porcio ad Q. Aurelium Symmachum, coll. et illustr. H. Meyer, Turici ²1842.

Oratorum Romanorum fragmenta, editio Parisina auctior et emend. curis F. Duebner, Paris 1837 (zwischen 1. und 2. Aufl. von Meyer ersch.).

Oratorum Romanorum fragmenta liberae rei publicae, rec., coll. H. Malcovati, Torino ³1966.

Rhetores Latini minores, ed. C. Halm, Leipzig 1863 (= 1964).

F. Vollmer, Laudationis funebris Romanae historia, Jahrb. für Philol. und Pädag. Suppl. 18, 1892, 445 ff.

M. Durry, Elogue funèbre d'une matrone Romaine (Élogue dit de Turia), Paris 1950.

M. Catonis praeter librum de re rustica quae exstant, ed. H. Jordan, Leipzig 1860 (= 1967).

Incerti auctoris de ratione dicendi ad C. Herennium libri IV, ed. F. Marx, Leipzig 1904; ed. min. 1923, mit Addenda von W. Trillitzsch, Leipzig 1964 (= Cicero fasc. 1 der Bibl. Teubn.).

M. Tulli Ciceronis Rhetorica, rec. A. S. Wilkens; I: De orat. Oxford 1901 (= 1963); II: Brut., Orat., De opt. gen. or., Part. or., Top., Oxford 1903 (= 1935).

M. Tulli Ciceronis rhetorici libri duo qui vocantur de inventione, rec. E. Stroebel, Leipzig 1915.

M. Tulli Ciceronis De oratore, ed. K. F. Kumaniecki, Leipzig 1969.

M. Tulli Ciceronis Brutus, erkl. von O. Jahn u. W. Kroll, überarbeitet von B. Kytzler, Berlin ⁶1962, Zürich-Berlin ⁷1964.

M. Tulli Ciceronis Brutus, ed. by A. E. Douglas (mit Komm.) Oxford 1966.

M. Tulli Ciceronis orator, erkl. von W. Kroll, Berlin 1913 (= 1964).

M. Fabi Quintiliani Institutionis oratoriae libri XII, ed. L. Radermacher, Add. et corr. coll. et adiecit V. Buchheit, Leipzig 1959.

Quintilian, ed. by M. Winterbottom, Oxford 1970.

M. Fabius Quintilianus, Ausbildung des Redners, herausgegeben und übersetzt von H. Rahn [= Texte zur Forschung, Bd. 2], Darmstadt I 1972 (Buch I—VI; der zweite Teil wird folgen).

Suetoni Tranquilli praeter Caesarum libros reliquiae, ed. A. Reifferscheid, Leipzig 1860.

Suetoni Tranquilli praeter Caesarum libros reliquiae, coll. G. Brugnoli, pars I, Leipzig 1960.

M. Cornelii Frontonis epistulae, ed. M. P. J. van den Hout, Leiden 1954.

XII Panegyrici Latini, rec. R. A. B. Mynors, Oxford 1964.

Prosarhythmus und Klauseln

E. Norden, Die antike Kunstprosa, II 909 ff.

Th. Zielinski, Das Klauselgesetz in Ciceros Reden, Philol. Suppl. IX 1904, 589 ff.

–, Der konstruktive Rhythmus in Ciceros Reden, Philol. Suppl. XIII 1, 1920.

–, Das Ausleben des Klauselgesetzes in der römischen Kunstprosa, Philol. Suppl. X 1907, 429 ff.

F. Blass, Die Rhythmen der asianischen und römischen Kunstprosa, Leipzig 1905.

A. W. de Groot, Der antike Prosarhythmus, Groningen 1921 (= 1967).

–, La prose métrique des anciens, Paris 1926.

L. Laurand, Études sur le style des discours de Cicéron, Paris 1928—31, korr. Ausg. Paris 1930—36.

Walter Schmid, Über die klassische Theorie und Praxis des antiken Prosarhythmus, Hermes Einzelschr. 12, 1959.

A. Primmer, Cicero numerosus. Studien zum antiken Prosarhythmus, Wien 1968.

Crusius-Rubenbauer, Römische Metrik, München [4]1959, 132 ff.

H. Drexler, Einführung in die römische Metrik, Darmstadt 1967, 142 ff.

REGISTER

Verweise auf Anmerkungen sind durch A gekennzeichnet

actio: 31 A27. 63
Aelius Aristides, A.: 43. 73 A45. 74
Aelius Tubero, Q.: 56
Agathon: 21
Aias: 45
Aischines: 26. 57. 65
Akademie, akademische Schule: 6.
    38. 63. 64
Albucius Silus, C.: 71
an Alexander, Rhetorik: 37
Alexandros Numeniu: 77
Alkidamas: 25
Allegorie: 68
Ambrosius: 79 A50. 80
Ammaios: 42
Ammianus Marcellinus: 92
Anaximenes von Lampsakos: 37
Andokides: 26
Anonymus Περὶ ὕψους, Ps.-Longi-
    nus: 42 A33. 43
    35, 4: 43
    40, 2ff.: 35
Antiochos III.: 53
Antiochos von Askalon: 63. 65
Antiphon: 25f.
Antithese: 24. 28. 36
Antonius, M. (Triumvir): 29. 58
Antonius, M.: 56. 58f. 62. 63
Antonius Liberalis: 72
Aper, M. Iulius (oder Flavius): 67.
    70. 71. 75 A47. 78
Apollodoros von Pergamon: 26 A25
Apollonios von Alabanda: 40. 41
Apollonios Molon: s. Molon
Appius Claudius: 48
Appius Claudius Caecus: 51. 52. 53.
    56

Apuleius: 78
Aquila Romanus: 77
Archaisten, Archaismus: 58. 75. 79
Arellius Fuscus: 70 A43. 71
argumentatio: 33. 70 A43
Ariston d. J.: 38
Aristophanes:
    nubes 89ff. bes. 114f.: 17
Aristoteles: 3. 4. 10. 11. 24. 29—38.
    39. 62
    Analytica priora: 34
    Analytica posteriora: 34
    Gryllos: 29. 37
    resp. Ath.: 30
    rhet.: 3. 6. 29—37. 42
    I: 31
    I 1: 2f. 30. 34
    I 1, 4ff., 1354a: 32
    I 1, 1354b: 11f. 12 A10
    I 1, 10ff., 1355 a—b: 33
    I 1, 13, 1355b: 32
    I 1, 14, 1355b: 33
    I 2: 3. 30
    I 2, 2, 1355b: 33
    I 2, 7, 1356a: 34
    I 2, 8, 1356a: 33f.
    I 2, 14ff., 1357a: 34
    I 3, 3, 1358b: 30
    II: 31
    II 24, 1402a: 18
    II 24, 1402a 17: 13
    III: 31
    III 2, 1, 1404b: 35
    III 8, 1408b: 36. 89
    III 9, 1ff., 1409a: 36
    III 9, 7ff., 1409b: 36
    III 9, 9, 1410a: 24

Aristoteles: *reth.* (Forts.)
  III 13, 3f., *1414a:* 34f.
  Soph. el.: 37
    1, 164a: 38
    34, 183b 29: 14
    34, 183b 31: 13
  Topica: 34. 37f. 66
    IX: 37. 38
Arithmetik: 3. 6. 81
artes liberales: 6. 80. 81
Asianismus: 26. 40
Asinius Pollio, C.: 68
Attizismus: 26 A25. 40. 41. 42. 43. 74
Augustinus: 80. 92
  rhet. 3 (= rhet. lat. min. 138): 4
  4 (= rhet. lat. min. 138f.): 4
Augustus, Octavian: 26 A25. 77
Aurelius Cotta, C.: 56. 58
Ausonius, Decimus Magnus: 78. 79

Basileios: 73 A45. 80
Bellum Hispaniense:
  1, 4: 87
Boëthius: 92
Brutus: 65. 75 A47

Caecilius von Kaleakte: 26 A25. 42. 43
Caecilius Metellus, Q.: 48. 49. 52
Caecilius Metellus Numidicus, Q.: 58
Caesar: 9. 39. 51 A36. 64. 66
Caesar Strabo: 63
Calenus: 69 A42
Calpurnius Piso: 56
Calvus: 75 A47
Carmen de figuris: 78
Carmen de libra et partibus eius: 78 A49
Carmen de ponderibus et mensuris: 78 A49
Cassius Dio:
  XL, 54, 3f.: 69 A42
  XLVI 7, 3: 69 A42
Cassius Severus: 71

Cato d. Ä.: 5. 28. 29. 52—56. 57. 58. 66. 75. 85
  De agricultura: 54 A37
  Ad Marcum filium: 56
  Origines: 54 A37. 55
  Pro Rhodiensibus: 56
Cato d. J.: 47
Catull:
  c. 51: 42 A33
  frg. 1: 78 A49
Catulus: s. Lutatius
Celsus: 81
Charisius: 23
Chiasmus: 86f.
Chirius Fortunatianus, C.: 78
Chrysipp: 39
Cicero: 3. 7. 9. 28. 29. 32. 37. 39. 41. 43. 51. 53. 55. 56. 58. 59. 60. 61—66. 67. 68. 69. 72. 75. 77. 79. 89. 90 A54. 91. 92
  Pro Archia poeta 20: 60. 61
  Ad Atticum IV 19, 1: 26 A25
  Brutus: 64f.
    30: 17
    31: 15f.
    46: 10. 11. 13. 21
    65: 55
    125: 57
    144: 59
    201ff.: 58
    207: 59
    263: 40
    325: 40
    333: 57
  Pro A. Caecina: 70
  In Catilinam 1, 2: 86
    1, 21: 86
    2, 1, 1: 25. 87
  Cato maior de senectute: 55. 66
    1, 3: 53 A37
    6, 16: 52
    8, 26: 53 A37
  Pro Cluentio 4: 87
    15: 24
  De consul. meo frg. 10: 84

De divinatione: 66
Divinatio in Caecilium: 60
Epistulae: 75
De fato: 66
De haruspicum responsis 41: 57
De inventione: 6. 40. 56. 61f. 63
 I 49: 10 A6
 II 1: 62
 II 2, 6: 13
Laelius de amicitia: 55. 66
Pro Marcello 1—2: 91
Pro Milone 4, 10: 85
Pro Murena: 60
 76: 24. 87
De officiis: 66
De opt. gen. orat.: 65
Orator: 6. 65
 39f.: 28
 63: 91
 174ff.: 28 A26
 175: 14 A14
 176: 28
 212ff.: 36. 89
 213: 91
 218: 36
De oratore: 6. 62f. 64. 66
 I: 62f.
 I 75: 41. 85
 I 83: 56
 I 91: 13
 I 93: 59
 II: 63
 II 4: 59
 II 44: 46
 II 163—173: 66
 II 219: 85
 III: 63
 III 31: 58
 III 92ff.: 60
 III 129: 20
 III 193: 36. 89
Partitiones oratoriae: 64. 65. 66
 40, 139: 64
Philippicae: 29. 66
 14, 12, 32: 87

De imp. Cn. Pomp. 1—2: 90
De re publica: 64
 6, 24, 26: 87
Topica: 65f.
Pro M. Tullio: 70
In Verrem 2, 5, 26: 85
Clodius, Sex.: 71
Clodius Quirinalis, P.: 72
confirmatio: 63
controversiae: 7. 68. 69. 70 A43
Cornificius: s. ad Herennium
Creticus: 36. 89. 91. 92
Crassus s. Licinius
Curio, C. Scribonius: 58
Curiones: 58
Curtius: 89. 90
Cyprian: 80

Deduktion: 34 A29
Deinarchos: 26. 42
Demetrios von Phaleron: 39
Demokratie: 1. 5. 9. 12. 18. 19. 50 A36
Demokrit: 16
Demosthenes: 26. 27. 29. 42. 43. 57.
 65. 74
Dialektik: 3. 11. 16. 30. 34. 37.
 73 A45. 81
Dialog, Dialogform: 32. 62. 64
Diatribe: 74
Dicreticus: 28. 90. 91. 92
Diodor:
 XII 53: 19f. 21. 22. 22 A21. 24. 25
Diodoros von Tyros: 38
Diogenes (der Stoiker): 53
Diogenes Laertios:
 VIII 57: 11 A7
 IX 25: 11 A7
 IX 51: 19
Diokletian: 80
Dion Chrysostomos: 74. 80
Dionysios von Halikarnaß: 41f. 43. 44
 Antiquitates Romanae: 41
 II 66, 4: 49
 De compositione verborum: 42
 De Isaeo 19: 28 A26

Dionysios von Halikarnaß (Forts.)
  De Lysia 3: 22 A21
Dispondeus: 91
dispositio: 31. 82
Ditrochaeus: 28. 91. 92
Domitian: 74
Domitius Marsus: 6
Drepanius: s. Latinius

Ehreninschriften: 50
elocutio: 31. 82
Empedokles: 11
Ennius: 55
  ann. 109 Vahlen²: 86
Ennodius: 76. 92
Enthymem: 33. 34
Ephoros: 27. 36
Epicheirem: 33
Epidius, M.: 71
Epikureer: 38. 42. 53
Epilogos: 13. 34
Epitaphios: 47
Eristik: 16. 21
Eumolpos: 20
Euripides: 35
Exkurs: 14
exordium: 63

Fabius Vibulanus, Kaeso: 47
Fabius Vibulanus, Q.: 47
Favorinus: 73. 74
Feldherrnreden: 9
Figuren: 22. 23—25. 77
Fronto, M. Cornelius: 58. 74—76.
  77. 78

Gabinianus, Sex. Iulius: 72. 78
Gattungen von Reden: 30f. 82
Gellius: 58. 74
  VI 14, 8: 53
Geometrie: 3. 6. 81
Gerichtsrede, Prozeßrede, juristische
  Beredsamkeit: 4. 11. 15. 23. 27. 31.
  32. 33. 40. 50. 51. 55. 61. 68. 69. 80. 82
Gleichnis: 23. 36

Goethe:
  Geschichte der Farbenlehre: 30
Gorgias: 8. 11. 13. 14. 15. 16. 17. 18.
  19—22. 24. 25. 28. 52. 76
Gorgias von Athen: 68
Grabinschriften: 48f. 50
Gracchus, Gaius: 56. 57
Gracchus, Tiberius: 56
Gregor von Nazianz: 73 A45. 80
Gregor vor Nyssa: 80

Hadrian: 25. 41. 48. 73. 75
Hannibal: 48. 54
Haruspices: 45
Hegesias: 40
Helena: 21. 52
ad Herennium, Auctor: 5. 40. 51.
  56. 61
  III 16, 28ff.: 39
  IV 20, 28: 25
Hermagoras: 40. 44. 77
  Rhet. Gr. V 15 (= 7, 21 Matthes):
  4
Hermes: 10
Hermogenes: 3 A2. 5. 43f. 78
  Περὶ εὑρέσεως: 44
  Περὶ ἰδεῶν: 25. 44
    p. 306, 23ff. Rabe: 15 A16
    p. 308, 13ff. Rabe: 15 A16
    p. 397 Rabe = 412 Spengel: 27
    p. 399ff. Rabe = 414 Spengel:
    25
Herodes Atticus: 73f. 75. 76
Hesiod:
  Erga: 9
Hexameter: 91. 92
Hiatvermeidung: 15. 27
Hieron: 11. 12
Hieronymus: 72
  epist. 57, 5, 2: 65
Hippias: 17. 19
Homer: 10. 21. 23. 42. 45
  Ilias I, 1: 18 A18
    VIII: 45
Homoioptoton: 68

Homoiotelenton: 21. 25. 28. 84
Horaz:
 ars poetica 333: 84
 carm. I, 14: 85
  II, 9: 26 A25
 epist. II 1, 70: 6
 sat. I 10, 82: 26 A25
Hortensius Hortalus, Q.: 56. 60
Hypereides: 26. 40
Hypodochmius: 91

Induktion: 34
inventio: 31. 63. 82
Inschriften:
 CIL I² 6—7 = Dessau 1: 48
 CIL I² 8—9 = Dessau 2—3:
  48 A35
 CIL I² 10 = Dessau 4: 49
 CIL VI 1527 und 37053 = Des-
  sau 8393: 48
 CIL VI 10230 = Dessau 8394:
  48
 CIL XIV 3579: 48
Iohannes Chrysostomos: 73 A45.
 80
Ironie: 68
Isaios: 26. 42
Isokolon: 24. 25. 68
Isokrates: 15. 24. 26. 27—29. 39. 42.
 76
 Panathenaikos 1ff.: 28
 Philippos 27: 28
Iulianos Apostata: 73 A45. 79
Iulius Rufinianus: 77
Iulius Secundus: 71
Iulius Valerius: 92 A55
Iulius Victor, C.: 77
Iunia: 47
Iunius Gallio, L.: 71

Kallimachos:
 Hymnus II 105ff.: 43
Karneades: 53
Klauseln: 28. 36. 62. 89—91. 92
Korax: 2. 8. 11. 12. 13. 34

Kritias: 74
Kritolaos: 38. 53
Kunstprosa: 10

Labienus, T.: 71
Lactanz: 80
Laelius: 55. 66
Latin(i)us Pacatus Drepanius: 79
laudatio, Festrede, Preisrede: 31.
 76f. 82
laudatio funebris: 46—50. 52. 76
laudatio Matidiae: 48
laudatio Murdiae: 48
laudatio Turiae: 48
Leukipp: 16
lex Valeria: 50 A36
Libanios: 73 A45. 79. 80
Licinius Crassus, L.: 56. 58—60. 62.
 63
Livius: 52. 89
 I, 1, 4: 88
 II, 47, 11: 47
 II, 61, 9: 48
 XXXVIII, 54, 1: 85
Livius Andronicus: 52
loci: 5. 21. 37. 39. 65f.
Lollianus, P. Hordeonius: 41
Longinos: 43
 Rhet. Gr. I Sp.-H. 188, 21ff.:
  15 A16
Ps.-Longinus: s. Anonymus Περὶ
 ὕψους
Ps.-Lukian:
 Lukios oder Der Esel: 85
Lutatius Catulus: 46. 60
Lykurgos: 26
Lysias: 26. 27. 42. 76

Macrobius:
 V 1, 16f.: 59
Manlius, Cn.: 48
Marc Aurel: 41
Marcomannus: 77
Marius: 60. 61
Martianus Capella: 56. 80 f.

Maternus, Curiatius: 67. 71. 78
Matidia: 48
Maximian: 76
memoria: 31 A27. 63. 82
Mercur: 81
Merk-Gedichte: 78
Messalla, Vipstanus: 67. 70. 71. 72
Metapher: 23. 35. 36. 40. 70. 83. 85
Metonymie: 83. 84. 85
Mill, John Stuart: 34 A29
Milo: 69 A42
Mnemotechnik: 39
Molon: 7. 39
Molossus: 91

narratio: 63
nenia: 47
Nestor: 10
Neu-Attiker: 64. 65

Odysseus: 10. 45
officia des Redners: 31 A27. 82
orator: 51f.
Orbilius: 6. 7
Ovid: 10. 14 A15. 68. 70 A43
    am. I, 9, 3ff.: 86
    met. I, 183f.: 87
        VI, 376: 86

Pacatus: s. Latinius
Paian: 36. 89. 91
Palamedes: 21. 52
Panegyricus: 69. 76f. 79
Panaitios: 41
Papirius Carbo: 56
Parallelismus: 86f.
Parisosis, Parison: 24. 28. 36
Passienus: 71
Paul, Jean:
    Vorschule der Ästhetik § 20: 23
Pausanias:
    VI 17, 8: 13 A13
    X 18, 7: 20
Perikles: 19. 47. 57

Periode, Periodisierung: 14. 15. 28. 36. 42
Peripatos, peripatetische Schule: 38. 63
peroratio: 63
Persius: 72
Petron: 69
Philipp von Makedonien: 29
Philodemos: 41
Philostratos:
    vitae soph. I 13: 22 A21
        I 17, 1: 28
Pindar: 42
Pistis: 34
Platon: 4. 6. 8 A5. 13. 15. 18. 20. 25. 26. 29. 32. 38. 42. 43. 45. 57
    Gorgias: 3. 26
    Phaidros: 26
        51, 267a—b: 17
        51, 267a: 13
        57, 273a: 13
    resp.: 30
        I: 14
    Symposion: 21
    Theaitetos 152a 1: 16
Plautus: 52. 58
Plinius d. Ä.:
    nat. hist. VII 139f.: 48. 49
        XXXIII 83: 20
Plinius d. J.: 69. 74. 79
    Epistulae: 69
        X 81 und 82: 74
    Panegyricus: 69. 76
Plotius Gallus, L.: 59. 60f. 71
Plutarch: 74
    Cato maior 2: 53 A37
        27: 55 A38
Polemon: 73. 74
Polos: 22 A21
Polybios: 41. 89
        VI 53: 46
Pompeius: 64
Pompeius Geminus: 42
Popilia: 46
Porcius Latro, M.: 70 A43. 71

probatio: 33
Prodikos: 17. 19
professor: 71 A44
Prokop: 27
Prolepsis: 87
pronuntiatio: 31 A27. 82
Prooimion: 13. 34
Properz:
    III, 1, 8: 88
propositio: 63
Prosarhythmus: s. Rhythmus, Rhyth-
    misierung
Protagoras: 16—19. 20. 21
    frg. 1 Diels (homo-mensura-Satz):
    16
    frg. 4 Diels: 18
    frg. 10 Diels: 12
Prothesis: 34
provocatio: 50 A36
Prunkrede: 23
Pyrrhus: 51. 52. 53

quadrivium: 81
Quintilian: 3. 9. 28 A26. 36. 40. 41.
    51. 66—68. 69. 72. 77. 78
    De causis corruptae eloquentiae:
    67
    Institutio oratoria: 5. 66. 67f.
        I: 5. 67
        I 10, 27: 57
        II: 5. 67
        II 1: 6f.
        II 2, 4: 6
        II 16, 3: 17f.
        III—XI: 67
        III 1ff.: 72
        III 1, 8: 11 A7. 13
        III 3, 14: 30
        III 7, 2: 47
        V 10, 1ff.: 33
        V 14, 17: 85
        VI 3, 85ff.: 85
        VIII 6, 1: 22
        VIII 6, 9: 23. 84f.
        VIII 6, 44: 85

        VIII 6, 54ff.: 85
        VIII 6, 68: 85
        IX 1, 4: 23f.
        IX 1, 5: 23
        IX 3, 81: 24. 86f.
        IX 3, 82: 24
        IX 4: 89
        X: 67
        X 1, 12: 85
        X 1, 67—69: 35
        X 5, 18: 71 A44
        XII: 67
        XII 11, 23: 53 A37

Reim: 21. 84. 86
Rhetores Graeci:
    Rhet. Gr. V 213: 4
        VI 32: 4
rhetores Latini: 60. 61
rhodische Schule: 39f.
Rhythmus, Rhythmisierung: 14f. 27f.
    36. 57. 90 A54. 91. 92. 93
Rota Vergilii: 35 A30
Rutilius Lupus, P.: 68

Sabina: 48
Sallust: 75. 89. 90 A54
    Catil. 1, 5: 45
    Iug. 46, 8: 88
    *(Ps.-)Sallust, Invektive gegen Ci-
    cero:* 59
        inv. 6: 84
Sappho: 42
    frg. 1 Diehl: 42 A33
    frg. 2 Diehl: 42 A33
schemata: s. Figuren
Scipio Africanus maior: 53. 54. 55.
    56. 85
Scipio Africanus minor: 56
Scipio Barbatus, L. Cornelius: 48
Secundus: 78
Sedulius: 92
Seneca d. Ä.: 9. 43. 66. 68. 69. 71.
    78. 89
    Controversiae: 68

Seneca d. Ä.: *Controversiae* (Forts.)
 I praef. 11: 68
 I 5: 69
 II 2, 8 ff.: 70 A43
 VI 8: 69
 Suasoriae: 68
Seneca d. J.: 68. 86
 epist. 17, 5: 87
Sextus Empiricus:
 adv. math. VII 6: 11 A7
 adv. rhet. 6, p. 675 Bekker: 4
Simonides:
 frg. 38 Page: 42 A33
Sizilien: 11. 14. 60
Sokrates: 13. 17. 18. 20. 26. 42. 45.
 63. 74
Sopatros: 3 A2
Sophistik, Sophisten: 8. 8 A5. 15. 16.
 17. 18. 19. 20. 26. 29. 34. 73
Zweite Sophistik: 40. 41. 73. 75
Sophokles: 35
Spondeus: 91
Staatsrede, politische Rede: 12. 23.
 50—52. 55. 68
Stasis-Lehre: 40. 44. 62. 66. 78
Stil, Stilarten: 82 f.
Stoiker, stoische Schule: 3. 4 A3. 38f.
 63
Suasorien: 7. 68
Sueton: 71. 72
 De viris illustribus: 71
Sulpicius Rufus, P.: 58
Sulpicius Victor: 78
Syllogismus: 33. 34
Symmachi: 79. 80
Symmachus, Q. Aurelius: 76. 78. 79
Synthesis: 42

Tacianus: 77
Tacitus: 72. 89
 Annales III 76: 47
 XV 71: 72
 Dialogus: 32. 65. 67. 68. 71. 78
 18, 5: 75 A47
 19: 71

 19, 3: 40
 19, 5: 70
 20, 1: 70
 24, 3: 67
 26, 2f.: 70
 26, 8: 72
Teisias: 2. 8. 11. 13. 14. 17. 18. 27
Terentianus Maurus: 78 A49
Terenz: 58
 And. 218: 86
Tertullian: 80
Tetralogien: 25
Themistios: 79f.
Theodektes: 31 A27. 36. 37. 39
Theoderich 76
Theodoros von Byzanz: 14
Theodoros von Gadara: 40
Theodosius: 76. 79
Theodotos: 41
Theophrast: 15. 28. 29. 31 A27. 36.
 38
Thesis-Lehre: 40
Thrasymachos: 8. 14f. 17. 27. 28
Thukydides: 42. 89
 II 35 ff.: 47
 II 65: 19
 III 86: 20
 VIII 68: 26
Tiberius: 40. 81
Tibull:
 I, 1, 33f.: 85
Timaios: 11. 12. 12 A10. 20. 22
Titianus: 77
Topoi: s. loci
Traian: 69. 74. 76
Trebatius, C.: 65
trivium: 81
Trochaeus: 91. 92
Tropus: 22f. 39. 84
Tyrannis: 11. 12. 12 A10

Valentinian II.: 79 A50
Valerius Maximus:
 VIII 7, 1: 53 A37
Valgius Rufus, C.: 26 A25

variatio: 84
Varro: 56. 81
 l. l. VI 76: 51
Vergil: 14 A15. 35 A30. 83 A53
 Aen. I, 135: 85
  I, 162f.: 85
  II, 353: 87
  V, 508: 88
  VI, 268: 88
  IX, 427: 86
  X, 103: 87
  ecl. 10, 42f.: 86
  10, 72f.: 86
Verginius Flavus: 72

Vergleich: 23. 36
Verres: 60. 85
Victor: s. Iulius. Sulpicius
Voltacilius Pilutus, L.: 71

Xenokrates:
 frg. 13 Heinze: 4
Xenophon: 9. 27

ὕψος: 43

die zehn attischen Redner: 26. 42
Zenon: 11
Zeus: 45